RAPPORT GÉNÉRAL

SUR LE RÉGIME LÉGAL ET FISCAL

DES ASSOCIATIONS DE BIENFAISANCE

PRÉSENTÉ AU CONGRÈS DE MONTPELLIER

PAR

M. Hébrard de Villeneuve

PRÉSIDENT DE LA SECTION DE L'INTÉRIEUR DU CONSEIL D'ÉTAT

MEMBRE DU COMITÉ DE DIRECTION DU MUSÉE SOCIAL

1913-1914

MONTPELLIER
IMPRIMERIE GÉNÉRALE DU MIDI

1913

RAPPORT GÉNÉRAL

SUR LE RÉGIME LÉGAL ET FISCAL

DES ASSOCIATIONS DE BIENFAISANCE

PRÉSENTÉ AU CONGRÈS DE MONTPELLIER

PAR

M. Hébrard de Villeneuve

PRÉSIDENT DE LA SECTION DE L'INTÉRIEUR DU CONSEIL D'ÉTAT

MEMBRE DU COMITÉ DE DIRECTION DU MUSÉE SOCIAL

1913-1914

MONTPELLIER

IMPRIMERIE GÉNÉRALE DU MIDI

1913

RAPPORT GÉNÉRAL

SUR LE RÉGIME LÉGAL ET FISCAL DES ASSOCIATIONS DE BIENFAISANCE

PRÉSENTÉ AU CONGRÈS DE MONTPELLIER

I

CONSIDÉRATIONS GÉNÉRALES

Nous allons, dans ce rapport, examiner et soumettre à une libre critique des questions qui touchent, d'une part aux bases mêmes d'une de nos grandes lois organiques, d'autre part aux règles de notre droit financier et aux intérêts du trésor. Il ne s'agit point d'ailleurs d'une discussion platonique; nous avons un but défini et avoué: nous prétendons arriver à des solutions pratiques, à des réformes effectives, après avoir provoqué des débats publics et amené, si nous le pouvons, un mouvement d'opinion.

Nous n'aurions certes pas entrepris une tâche aussi lourde et aussi délicate, si nous ne nous sentions soutenus par l'autorité morale du Comité des Congrès d'assistance publique et de bienfaisance privée, si les idées que nous allons exposer et défendre n'étaient pas en conformité parfaite avec celles qui, depuis sa fondation, n'ont cessé d'inspirer ses résolutions et de diriger sa propagande et ses travaux.

Le principe qui est l'essence et la raison d'être de notre Comité est celui qui domine tout ce rapport. Nous sommes fermement convaincus que l'Assistance publique et la bienfaisance privée ne sont pas des rivales, encore moins des adversaires; que la seconde est l'auxiliaire nécessaire de la première, et que dès lors les pouvoirs publics doivent encourager et aider dans l'exercice de leur mission charitable les œuvres dues à l'initiative des particuliers.

A notre époque plus qu'à toute autre, les associations libres sont appelées à exercer une influence considérable sur la solution des problèmes sociaux. Dans la sphère des institutions de bienfaisance, leur intervention peut être particulièrement utile. Le programme social entrepris par l'Etat, à n'envisager que le domaine de l'Assistance publique, comporte un immense champ d'action. Quatre grandes lois votées en vingt ans: la loi d'assistance médicale gratuite, la loi d'assistance aux vieillards, les lois récentes d'assistance aux femmes en couches et aux familles nombreuses, sont venues imposer à la nation des sacrifices qui, quoique justifiés, n'en sont pas moins fort lourds.

D'autre part, les lois de prévoyance — la loi du 5 avril 1910, sur les retraites ouvrières, en offre un remarquable exemple — sont elles-mêmes pour ainsi dire imprégnées de bienfaisance, j'entends qu'elles comportent des allocations supportées par l'Etat sans aucun recours contre les intéressés. Certes, ces primes à la prévoyance, quand elles s'adressent à des indigents, ou même à des travailleurs, et quand elles sont sagement proportionnées aux sacrifices faits par les bénéficiaires eux-mêmes, ne sauraient être de notre part l'objet d'aucune critique, mais elles se traduisent par des demandes de crédits sans cesse grandissantes.

Dans cette situation, comment pourrait-on contester l'utilité de la bienfaisance privée, dont le concours volontaire intervient heureusement pour alléger les charges de l'Etat?

Les œuvres privées ont d'ailleurs un domaine propre vers lequel elles tendent aujourd'hui de plus en plus à s'orienter: elles jouissent d'une liberté qui leur permet de servir de pionniers pour tenter des méthodes nouvelles, pour risquer des expériences qui sont faites aux frais des bienfaiteurs, sans engager la responsabilité, ni compromettre les finances des administrations publiques. Nous signalerons notamment l'évolution très heureuse qui s'est faite vers la bienfaisance préventive; celle-ci ne se contente pas de soulager la maladie ou la misère, quand elles sont devenues incurables; elle se propose d'en rechercher les causes, de remonter jusqu'à l'origine et de tarir dans leur source ces maux terribles qui sont le plus souvent — on ne saurait trop le répéter — non pas le résultat d'une aveugle fatalité, mais la conséquence inéluctable de l'ignorance, de l'imprudence ou de l'incurie. Les œuvres de préservation dont l'Alliance d'hygiène sociale nous présente un modèle si remarquable, permettront, dans un avenir peut-être rapproché — l'exemple de peuples voisins autorise cet espoir — de diminuer dans des proportions appréciables les ravages de certaines maladies, et par là même les charges de l'assistance publique.

D'ailleurs, ces œuvres, secourables aux malheureux, utiles à la collectivité, n'ont pas une moins heureuse action sur ceux qui y consacrent leur argent et leur zèle. Si l'aumône prodiguée au hasard est parfois dangereuse et déprimante pour celui qui la reçoit, la bienfaisance éclairée apporte toujours à celui qui y met un peu de sa bourse et beaucoup de son cœur, une satisfaction intime, un véritable supplément de force et de dignité morale.

Enfin, la bienfaisance libre peut être considérée comme un puissant facteur du rapprochement si souhaitable entre les membres du corps social: il y a là comme un tribut volontaire que le riche paie au pauvre; l'acquittement de celle dette est une semence de paix, un précieux germe de fraternité, un élément essentiel de l'union, de l'unité morale d'un peuple. A tous ces points de vue, l'utilité, la grandeur du rôle que peuvent jouer les associations de bienfaisance apparaissent comme indéniables.

Eh bien ! ces associations trouvent-elles dans nos lois, lois d'organisation, lois fiscales, toutes les libertés, toutes les facilités dont elles ont besoin et qu'elles sont en droit de réclamer pour remplir leur rôle charitable ? A la question ainsi posée, nous n'hésitons pas à répondre par la négative et nous allons essayer de mettre en lumière, d'abord les lacunes et les imperfections des lois actuelles, puis les réformes qui nous paraissent devoir être réalisées dans un intérêt que nous considérons comme un intérêt national.

II

RÉGIME LÉGAL

Il n'y a actuellement aucune loi particulière concernant le régime légal des associations de bienfaisance; c'est dans la loi générale du 1er juillet 1901 (1) que nous trouverons les règles de leur organisation, de leur fonctionnement, de leur capacité. Avant de critiquer cette loi sur certains points et d'en demander la modification, au moins partielle, nous devons faire remarquer que les titres I et II (2) constituent un progrès très important sur la législation antérieure.

(1) Voir aux annexes, p. 32.

(2) Le titre III concerne les congrégations religieuses auxquelles s'appliquent des règles toutes spéciales et que nous laissons intentionnellement en dehors de la présente étude.

On sait que toute la réglementation des associations fut longtemps contenue dans un seul article du Code Pénal. Ni liberté, ni capacité, nécessité d'une autorisation gouvernementale arbitraire et toujours révocable, pénalités sévères édictées contre les associations qui se formaient sans l'agrément de l'administration, tel était le régime résultant de l'art. 291 du Code Pénal.

Les tentatives faites à maintes reprises, pour restaurer la liberté d'association en France, sont venues se briser pendant près d'un siècle contre la résistance systématique de tous les gouvernements. Nos hommes d'Etat avaient encore très présents à la mémoire les graves inconvénients de l'organisation corporative sous l'ancien régime et les excès des clubs pendant la Révolution: ils avaient érigé en axiome que si les particuliers peuvent prétendre aux libertés nécessaires à la bonne gestion de leurs intérêts privés, toute action collective devait appartenir à l'Etat, ou tout au moins être subordonnée à un contrôle étroit du Gouvernement, seul gardien des intérêts généraux. Quelques brèches avaient été faites à ce principe, notamment en 1884 pour les Syndicats, et en 1898 pour les Sociétés de secours mutuels, mais ce n'est qu'en 1901 qu'une loi d'ensemble est venue donner aux associations une charte que les uns considèrent comme suffisante et définitive, les autres comme une simple étape, étape importante il est vrai, dans la marche vers la liberté.

Après avoir défini l'association « la convention par laquelle deux ou plusieurs personnes mettent en commun leurs connaissances ou leur activité, dans un but autre que de se procurer des bénéfices », la loi prévoit et autorise trois espèces de groupements:

Les associations libres;
Les associations déclarées;
Les associations reconnues d'utilité publique.

Les premières ne sont astreintes à aucune déclaration préalable, à aucune mesure de publicité, mais elles ne jouissent pas de la capacité civile. La loi, en ce qui les concerne, se borne à supprimer les anciennes pénalités: ce sont des organisations licites, mais qui, ne se soumettant à aucune formalité, ne peuvent prétendre à aucun droit.

Les associations déclarées doivent, comme leur titre l'indique, remplir certaines conditions de publicité: elles font connaître notamment l'objet de l'association, le siège de ses établissements, le nom de ses administrateurs; deux exemplaires des statuts sont joints à la déclaration qui est faite à la préfecture. Ces associations ont une sorte de demi-personnalité: elles peuvent, sans aucune autorisation préalable, ester en justice, acquérir à titre onéreux les immeubles nécessaires à leur fonctionnement, encaisser des cotisations, recevoir des subventions de l'Etat, des départements et des communes; mais il leur est interdit d'accepter des dons et legs et de posséder des immeubles productifs de revenus.

Les associations reconnues d'utilité publique jouissent de la plénitude de la capacité civile, y compris le droit d'acquérir à titre gratuit; elles ne peuvent toutefois posséder des immeubles qui ne sont pas nécessaires à leur fonctionnement, recevoir des donations faites sous réserve d'usufruit, ni enfin — cette dernière interdiction résulte de la jurisprudence et non de la loi — ni accepter des legs si leur reconnaissance a été postérieure au décès du testateur. Au régime légal ainsi résumé, n'est-il pas possible d'apporter, dès à présent, certaines améliorations ? C'est ce que nous nous proposons d'examiner.

En ce qui concerne les associations libres, il ne semble pas que l'on puisse formuler de sérieuses critiques contre les dispositions de la loi de 1901. L'absence complète de publicité et de contrôle paraît *a priori* exclusive de toute espèce de capacité juridique. La loi se justifie, non par des motifs occasionnels, mais par des raisons permanentes qui, depuis 1901, n'ont rien perdu de leur force.

CAPACITÉ D'ACCEPTER DES DONS ET LEGS

La première et la plus importante question qui se présente, en ce qui concerne le régime des associations déclarées, est celle de savoir si l'interdiction d'accepter des libéralités dont les frappe la loi de 1901 est justifiée et doit être maintenue. Cette interdiction, quoique ne résultant pas d'un texte précis, est néanmoins formelle, et ajoutons, absolument voulue. En rapprochant les termes de l'article 6, qui règle les droits des associations *déclarées*, de ceux de l'article 11, qui ne s'applique qu'aux associations *reconnues*, on ne peut éprouver aucun doute à cet égard. Les travaux préparatoires de la loi, exposé des motifs, rapports, discussion devant le Parlement, sont tous concordants en ce sens: on a autorisé les associations déclarées à recevoir des cotisations, même des subventions, mais on a, en connaissance de cause, exclu les dons et legs de leur capacité.

L'interdiction ainsi édictée par la loi de 1901 peut-elle se justifier par des raisons de principe et des motifs d'opportunité ? Nous allons exposer aussi complètement que possible et avec une entière bonne foi — avant de les réfuter — les arguments produits à l'appui de cette thèse.

On invoque d'abord la distinction essentielle qui, d'après notre droit public, existerait entre les personnes naturelles et les personnes morales. Les premières ayant des droits qui sont antérieurs et supérieurs à toute législation et auxquels la loi elle-même ne peut porter atteinte; les personnes morales, au contraire, étant des êtres fictifs, des créations du législateur qui règle à son gré leur organisation et délimite souverainement leurs droits. On en conclut que la capacité d'acquérir à titre gratuit n'est pas un droit inhérent aux personnes morales et que la loi qui les crée peut décider à son gré si ce mode d'acquisition leur sera interdit ou permis. Voilà les arguments tirés des principes.

En fait, on soutient que les dons et legs, s'adressant à des êtres de raison qui n'ont aucune responsabilité et dont l'existence peut se perpétuer indéfiniment, présentent de graves dangers d'ordre social, économique et politique.

Au point de vue social, le patrimoine des familles est constamment menacé par l'attraction que les associations et surtout les œuvres de bienfaisance exercent sur les personnes généreuses: la vanité se mêle souvent d'ailleurs aux sentiments philanthropiques, et l'on voit des gens qui laissent leurs proches dans la misère pour avoir leur nom gravé en lettres d'or sur la plaque de marbre d'un hôpital. Au point de vue économique, on arrive à constituer des biens de main-morte qui sont soustraits, en fait, à la loi normale des échanges et échappent aux impôts sur les mutations de propriété. Au point de vue politique, on laisse se constituer, à côté des organisations d'Etat, des forces qui leur font concurrence, forces parfois dangereuses, toujours inquiétantes pour les Gouvernements, dont elles peuvent répudier la direction, et au contrôle desquels il leur est très facile de se soustraire. Voilà les motifs qui ont amené le législateur de 1901 à ne pas reconnaître à toutes les associations le droit d'accepter des dons et legs; il a d'ailleurs prévu que certains groupements méritant une faveur spéciale, pourraient être autorisés à acquérir à titre gratuit, et c'est le privilège que confère la reconnaissance d'utilité publique, reconnaissance que le Gouvernement, suivant les circonstances, est toujours maître d'accorder ou de refuser.

Ces arguments, à notre sens, peuvent expliquer les dispositions restrictives édictées par la loi de 1901, mais elles ne suffisent pas à les justifier.

Voyons d'abord quelles en sont les conséquences; nous reviendrons ensuite sur les raisons de principe ou d'opportunité par lesquelles on a tenté d'étayer le système actuel.

L'impossibilité de se procurer des ressources au moyen de dons et legs constitue une gêne évidente pour la formation et pour la prospérité d'une association quelconque. La nécessité d'une dotation, laquelle ne peut résulter que d'une ou plusieurs libéralités entre vifs ou testamentaires, apparaît spécialement en ce qui concerne les œuvres de bienfaisance. On peut imaginer, à la rigueur, une association scientifique ou littéraire se développant grâce au talent et au zèle de ses membres et exerçant une heureuse influence avec des moyens financiers très modestes. Mais les institutions charitables créées en vue de distribuer des secours ne peuvent évidemment donner que ce qu'elles ont reçu: ce n'est pas avec le produit de cotisations dont le taux, en général uniforme, ne peut être élevé, ni avec de précaires et parcimonieuses subventions que les œuvres de bienfaisance peuvent se créer et prospérer.

Au début de la fondation d'une crèche, d'un hospice, d'un dispensaire, il faut avoir un capital pour subvenir aux premiers frais de construction, d'installation, d'aménagement des locaux. L'interdiction d'accepter, pour réaliser ce but, le généreux concours d'un ou plusieurs bienfaiteurs est indéfendable et serait vraiment intolérable si, dans la pratique, elle n'était facilement éludée. Les anciennes formes des donations imaginées pour sauvegarder les

intérêts des familles sont aujourd'hui, il faut le reconnaître, assez désuètes dans leur principe et peu efficaces dans
leur application. On a beau décréter dans le Code civil
que la donation est un contrat solennel qui exige le concours d'un notaire et de plusieurs témoins et qui est
astreint, à peine de nullité, aux formalités de l'enregistrement; lorsque deux personnes sont d'accord, l'une pour
donner, l'autre pour recevoir un billet de mille francs, un
chèque de cent mille francs, ou même une liasse de titres
au porteur qui représente une fortune, il est assez difficile
de trouver une sanction à la violation des règles tutélaires
tracées par la loi. On ne peut pas, dit la jurisprudence,
faire un don manuel sans se soumettre aux mêmes auto-
risations que pour les autres donations; soit, on ne peut
légalement pas, mais on se résigne à commettre une illé-
galité. S'il s'agit de donations entre vifs, l'incapacité
édictée par la loi de 1901 n'a donc pas toujours, en fait,
le résultat prévu et voulu ; des milliers de libéralités,
parfois considérables, passent à travers les mailles de
la loi, qui aboutit ainsi, non à empêcher les dons, mais
simplement à empêcher qu'on puisse les faire régulièrement. Les plus honnêtes gens ne se font d'ailleurs aucun
scrupule d'enfreindre les dispositions légales sur ce point
et c'est là un argument bien fort contre la loi de 1901, car
une loi qui est violée tous les jours par les meilleurs ci-
toyens ne peut pas être une bonne loi.

En ce qui concerne les legs, la prohibition édictée a malheureusement plus d'effet pratique. Il y a peu de testaments — étant donné le très grand nombre d'œuvres charitables et le petit nombre de celles qui sont reconnues —
où l'on ne trouve des legs qui deviennent caducs, vu l'incapacité de l'association instituée. On peut affirmer que,
de ce chef, les pauvres perdent plusieurs millions par an.
D'autre part, il y a beaucoup de philanthropes qui, con-
naissant la loi, omettent dans leurs dispositions testamen-

taires des associations auxquelles ils portent pourtant un vif intérêt, sachant qu'elles sont incapables de recevoir des libéralités. C'est encore un nombre plus considérable de millions qui échappent aux malheureux. Cette constatation faite, reprenons l'examen des principes qui s'opposeraient à ce que l'on accordât aux associations non reconnues le droit d'accepter des dons et legs.

Il eût été intéressant de nous livrer ici à un examen approfondi des questions qui se rattachent à l'origine, à la nature et aux droits des personnes morales. Nous avons souvent fait cette étude pour notre propre compte; nous l'avons refaite consciencieusement à l'occasion de ce rapport, mais nous ne voudrions pas l'imposer à nos lecteurs qui attendent de nous des solutions simples et des conclusions pratiques, plutôt que de longues controverses théoriques. Nous serons donc le plus court possible et nous ne dirons sur ce point que ce qui nous paraît indispensable.

L'argument de principe opposé aux revendications des associations repose sur cette donnée, qu'à la différence des personnes naturelles, les personnes morales ne peuvent prétendre à d'autres droits que ceux qui leur sont bénévolement concédés par la loi: c'est celle-ci qui les crée, elle peut donc régler à son gré, sans aucune réclamation possible de leur part, la nature et l'étendue de leurs prérogatives. On pourrait soutenir qu'il y a là un pur sophisme et que la liberté d'association reconnue en droit serait confisquée en fait, si l'on n'admettait pas que, pour les groupements comme pour les individus, il y a une sorte de droit naturel qui se compose de l'ensemble des règles dérivant de la justice, de la raison, de la nature des choses. Mais nous ne faisons aucune difficulté de reconnaître que c'est la loi, la loi positive, qui a seule le pouvoir de fixer ces règles et d'en mesurer, dans la pratique, l'application et l'étendue. N'en est-il pas d'ailleurs ainsi pour les

personnes naturelles elles-mêmes ? La loi ne s'est-elle pas
reconnu le droit de fixer d'une façon différente le statut des
mineurs et des majeurs, des femmes et des hommes, des
étrangers et des français, suivant des appréciations souvent
arbitraires mais toujours souveraines ? *A fortiori*, pour
les personnes morales qui sont douées de moyens d'action
plus puissants, et dont la durée n'est pas limitée, on ne
saurait contester au législateur le pouvoir d'arbitrer les
conditions de leur création et de leur fonctionnement; nous
admettons donc que c'est la loi qui réglemente légitimement la capacité des personnes morales et qu'elle peut, si
cela lui paraît juste et opportun, interdire à des associations d'accepter des dons et legs. Mais la question n'a pas
fait un pas, car le point à résoudre est précisément de
savoir s'il est juste et opportun de refuser à des œuvres
de bienfaisance la possibilité de se procurer des ressources pour remplir leur mission ? Le problème ne consiste
pas à démontrer que la loi *peut*, mais qu'elle *doit* maintenir cette interdiction.

Peut-être une pareille prohibition cadrait-elle avec les
principes généraux de notre droit et la pratique législative
courante au début du XIXe siècle, mais un simple coup
d'œil sur la législation et la jurisprudence nous montrera
qu'il n'en est plus ainsi de nos jours. Nous croirions volontiers que, dans la conception primitive du Code civil, la
personnalité complète comprenant le droit de recevoir des
dons et legs n'était guère accordée qu'aux établissements
publics ou d'utilité publique considérés comme les organes
des intérêts généraux, et que l'art. 910 confondait dans
une seule formule, reconnue aujourd'hui inexacte. Mais
depuis, il est intervenu d'autres textes moins restrictifs
et la jurisprudence a suivi et accentué l'évolution de la
loi, de telle sorte qu'à l'heure actuelle le droit d'accepter
des libéralités est accordé à presque tous les êtres moraux régulièrement constitués.

Pour les sociétés de secours mutuels, il y a un texte précis, c'est l'article 15 de la loi du 1er avril 1898, qui reconnaît le droit d'acquérir à titre gratuit, sous réserve de l'autorisation administrative, à des associations qui se forment librement et sans aucune approbation de l'autorité supérieure.

En ce qui concerne les associations syndicales, la loi ne distingue pas davantage, à ce point de vue, entre les associations libres et les associations autorisées.

Les syndicats professionnels ne tiennent pas ce droit d'une dispositions formelle. Il semble même résulter de deux avis de la Section des Travaux publics, que le Conseil d'Etat ne leur reconnaît pas cette capacité; mais la jurisprudence de l'autorité judiciaire se fondant sur ce que la loi du 21 mai 1884 n'apporte point, sur ce chef, une restriction à leur capacité générale, a admis qu'ils pouvaient acquérir à titre gratuit (1).

Notons en passant que les libéralités de ce genre sont assez rares: les membres des syndicats ne sont pas en général des capitalistes; d'autre part, les luttes assez fréquentes entre les ouvriers syndiqués et leurs patrons n'incitent malheureusement par ces derniers à enrichir les organisations syndicales, et ils préfèrent adresser leurs libéralités à des œuvres qui leur portent moins ombrage et sur lesquelles il leur est plus facile d'exercer leur influence. Même observation en ce qui concerne les sociétés commerciales, auxquelles la jurisprudence a reconnu sans hésiter le droit d'accepter des libéralités, bien qu'elles ne fussent pas visées par l'article 910. Les groupements commerciaux, ayant un but de lucre patent et avéré, n'exercent guère leur attraction sur les personnes généreuses. Il devrait en être de même des sociétés civiles, mais on

(1) Voir aux annexes, pages 50, 51, 52.

sait que, depuis quelque temps, beaucoup d'œuvres religieuses ou charitables ont cru devoir prendre cette forme,
précisément pour se soustraire aux incapacités et aux pro-
hibitions édictées par les lois.

La plupart des auteurs (1) contestent aux sociétés civiles le droit d'accepter des libéralités; mais la jurisprudence ne s'est pas fixée en ce sens et il résulte de nombreux
arrêts de la Cour suprême que les sociétés de ce genre
jouissent de la plénitude de la capacité civile, à moins
qu'il ne soit établi qu'elles servent de prête-nom à des
associations non reconnues (2).

En résumé, quand on passe en revue les différentes collectivités, on constate qu'actuellement, en France, tous les
établissements publics ou d'utilité publique, les associations syndicales, les syndicats professionnels, les sociétés
de secours mutuels, les sociétés commerciales, les sociétés
civiles, peuvent acquérir à titre gratuit, et l'on ne voit
guère, en dehors de cette énumération, que les associations
déclarées auxquelles ce droit est refusé et qui sont pourtant
parmi les groupements qui en ont le plus besoin et qui
en paraissent le plus dignes.

La législation française, sur ce point, n'est d'ailleurs
pas isolée: il résulte d'une intéressante étude, présentée en
1912 au Musée Social par M. Collavet, auditeur au Conseil
d'Etat, que, dans un grand nombre de pays étrangers,
notamment en Angleterre, en Suisse, dans certains pays
allemands et dans la plupart des Etats-Unis d'Amérique,
les associations privées constituées librement ont, en principe, à condition d'avoir été enregistrées, le droit d'accepter des dons et legs.

Dans ces conditions, il faudrait, pour répudier l'adapta-
tion à notre pays de ce régime libéral, que celui-ci se
heurtât à de bien fortes objections.

(1) Voir Tissier. Dons et legs.
(2) Voir aux annexes, pages 53, 54, 55.

A première vue, on aperçoit, au contraire, que le Gouvernement lui-même trouverait quelque intérêt à cette réforme. Le nombre des libéralités irrégulières faites de la main à la main diminuerait sans doute dans une certaine proportion; bien des donateurs préféreraient faire une fondation régulière, présentant pour eux plus de garantie, et se soumettraient sans murmure au paiement des droits dont le Trésor est actuellement frustré. D'autre part, si les associations déclarées pouvaient accepter des libéralités, il se produirait un mouvement d'arrêt dans le flot toujours montant des demandes en reconnaissance d'utilité publique. Actuellement, la notion de la reconnaissance légale, qui devrait être considérée comme une faveur exceptionnelle et réservée à des œuvres ayant un réel caractère d'intérêt général, est souvent faussée, et le Gouvernement se trouve entraîné à accorder ce titre, cette estampille officielle, à des œuvres locales de très petite envergure, parce qu'on ne veut pas priver les pauvres du bénéfice de libéralités qui seraient caduques si l'œuvre n'était pas reconnue.

En ce qui concerne l'objection tirée du danger de l'accroissement des biens de main morte, nous y répondrons tout à l'heure, quand nous examinerons s'il faut maintenir au Gouvernement le droit d'autoriser l'acceptation des libéralités et la possession des immeubles autres que ceux qui sont nécessaires au fonctionnement de l'association.

Restent les motifs d'ordre politique, l'argument tiré de l'intérêt qu'aurait le Gouvernement à lutter contre la concurrence des œuvres privées, et à réserver toutes les faveurs et même tous les droits aux divers services de l'Assistance publique qui suivent ses inspirations et sont sous sa dépendance plus ou moins étroite.

Contre une pareille thèse, nous nous élèverons avec force au nom des véritables intérêts, des intérêts supérieurs du

Gouvernement. Non, celui-ci ne doit pas répudier d'une façon systématique l'aide des initiatives généreuses et intelligentes, souvent plus fécondes que l'action de la puissance publique elle-même; non, il ne faut pas souhaiter de voir s'établir dans la sphère de la bienfaisance, je ne sais quel monopole à la fois tyrannique et impuissant. L'Etat est le gardien des intérêts généraux, c'est entendu; de ce chef, il doit satisfaire à des besoins qui sont aussi étendus que complexes, pourquoi donc se chargerait-il seul d'un fardeau au-dessus de ses forces ? Pourquoi n'accepterait-il pas avec bienveillance, avec gratitude, l'aide précieuse que lui apportent les bonnes volontés particulières pour réaliser son plan social ?

On dit, mais il y a des œuvres qui n'ont de la bienfaisance que le nom, qui prennent la charité comme un masque derrière lequel elles abritent les pires exploitations. La réponse est facile: ces œuvres ne sont pas celles que nous avons en vue; qu'on les surveille, qu'on les démasque, qu'on leur applique même de sévères pénalités, nous y souscrivons volontiers; mais ce n'est pas une raison parce que certains abus se produisent de la part de quelques-uns, pour frapper de déchéance l'ensemble des œuvres vraiment charitables, vraiment utiles, qui honorent un pays, qui honorent même l'humanité !

Ainsi, on le voit, les motifs abondent pour remanier sur ce point la loi de 1901; cette réforme cadrerait à la fois avec les principes de notre droit public moderne et l'ensemble de notre législation positive; elle servirait les intérêts des associations, ceux des pauvres et ceux de l'Etat lui-même.

Une fois admis que l'on doit accorder aux associations déclarées le droit d'accepter des libéralités, se pose immédiatement la question de savoir s'il y a lieu d'exiger une autorisation pour l'exercice de ce droit et par qui elle devra être donnée.

La première idée qui se présente à l'esprit, du moment que l'on entre dans une voie libérale, c'est d'y persévérer jusqu'au bout et de n'exiger aucune autorisation. Donner et retenir ne vaut, dit-on: reconnaître la capacité des associations et la subordonner à une autorisation préalable, permettre au Gouvernement de détruire en fait, pour des motifs que la loi ne précise pas et dont il est seul juge, le droit qu'elle a concédé en principe et donner ainsi la possibilité de confisquer en détail une liberté obtenue après de si longs efforts, n'est-ce pas manquer de logique et même de franchise ?

Pour écarter la nécessité d'une approbation, on peut encore invoquer l'exemple de certaines législations étrangères et même la jurisprudence qui a reconnu en France l'aptitude à recevoir des libéralités à des personnes morales auxquelles ne s'applique ni l'art. 910 du Code civil, ni la loi du 4 février 1901, tels les syndicats professionnels.

Nous ne saurions pourtant nous rallier à cette manière de voir. Au moment où nous réclamons pour les associations déclarées une amélioration à la loi actuelle et où nous voudrions, en ce qui concerne les dons et legs, qu'on leur reconnût la même capacité qu'aux établissements d'utilité publique et aux sociétés de secours mutuels, il serait peut-être excessif et évidemment inopportun de demander qu'on les exonérât d'une tutelle que supportent les sociétés de secours mutuels et les établissements d'utilité publique; ne voit-on pas que de telles prétentions risqueraient de mécontenter beaucoup de bons esprits et de faire échouer la réforme ? A côté de cette raison de circonstance, il en est d'autres qui ont un caractère permanent et qui s'opposent, à notre avis, à la suppression de toute tutelle administrative.

Sans exagérer les périls que peuvent faire courir à la Société l'accumulation indéfinie de biens entre les mains des associations, sans avoir la hantise et la terreur de la

main morte, on conçoit très bien que l'État se préoccupe
de l'accroissement du patrimoine de ces êtres de raison qui,
nous le répétons, n'ont pas de responsabilité effective et
dont l'existence n'est pas limitée. Les principes posés par
d'Aguesseau dans le préambule du célèbre édit de 1749,
sont toujours vrais et, tout en tenant compte de la différence des temps et des régimes, aucun gouvernement ne
peut rester complètement indifférent à des questions qui
touchent aux intérêts des familles et à la situation économique du pays. Il n'est pas bon, pour l'ordre public,
que les ressources des êtres moraux dépassent notablement les besoins auxquels ils ont à pourvoir. D'autre part,
s'il est des libéralités dignes de tout éloge, il en est aussi
qui ne sont pas inspirées par des sentiments irréprocha-
bles et l'autorité supérieure doit pouvoir leur opposer son
veto. Enfin, si nos propositions étaient acceptées, la nouvelle loi ne s'appliquerait qu'aux associations qui ont le
caractère de bienfaisance; il est donc indispensable qu'il y
ait une autorité investie du droit d'apprécier ce caractère,
qui s'assure que le bénéfice de la loi n'est point indûment
étendu à des associations qui ne seraient point des œuvres
charitables; l'exercice de ce contrôle nécessaire sera tout
naturellement confié à l'autorité chargée de statuer sur
l'acceptation ou le refus de la libéralité.

Mais quelle sera cette autorité ?

La compétence pourrait être répartie entre le préfet et
l'autorité supérieure, suivant les distinctions établies par
la loi du 4 février 1901 (1). Ce système éviterait, dans un
grand nombre de cas, les inconvénients que présente la
centralisation des affaires; mais, tout au moins au début
de l'application de la loi, nous estimons qu'il ne serait pas
sans inconvénients.

(1) Voir aux annexes, page 46.

On peut soutenir d'abord qu'il n'y a pas lieu de mettre de suite, sur un pied de complète égalité, les associations déclarées et les établissements d'utilité publique, et que, pour les premières, on doit entourer de plus de précautions l'exercice du droit nouveau qu'on leur accorde.

Il y aura, d'autre part, des appréciations assez délicates en ce qui concerne le caractère de bienfaisance auquel prétendront souvent des associations qui n'y ont réellement pas droit. Peut-être vaudrait-il mieux, dans l'intérêt des familles et dans l'intérêt même des établissements légataires, confier le droit d'arbitrer si l'on se trouve ou non dans les conditions de la loi nouvelle à une autorité placée loin des influences locales et des luttes de parti.

Il est souhaitable, d'autre part, que la loi, d'un bout à l'autre du territoire, soit appliquée dans le même esprit; enfin, il y aura une surveillance à exercer sur les associations qui auront été autorisées à accepter des dons et legs pour que leurs statuts ne soient pas ultérieurement l'objet de modifications qui altéreraient le caractère de bienfaisance de l'œuvre. A tous ces points de vue, il semble que l'intervention du pouvoir central serait justifiée. Il ne faudrait pas croire d'ailleurs que l'examen de ces affaires par le Conseil d'Etat fût de nature à entraîner de longs retards: il est rare, nous pouvons l'affirmer en connaissance de cause, qu'il s'écoule plus de deux mois entre l'enregistrement à son secrétariat général et le renvoi des dossiers au Ministère.

En résumé, sur ce premier point, nous demanderions que les associations déclarées ayant exclusivement un but de bienfaisance fussent reconnues aptes à recevoir des dons et legs sous réserve de l'autorisation donnée par décret rendu en Conseil d'Etat.

Les autres modifications légales que nous nous proposons d'envisager ne présentent évidemment pas la même importance que la question vitale des dons et legs; elles ne sont néanmoins pas dénuées d'intérêt et leur solution peut exercer une heureuse influence sur l'avenir des associations de bienfaisance.

Nous examinerons successivement si l'on doit autoriser ces associations:

— à recevoir des donations avec réserve d'usufruit;

— à posséder des immeubles autres que ceux qui sont nécessaires à leur fonctionnement;

— à recevoir des legs, alors même qu'elles n'ont été régulièrement constituées qu'après le décès de l'auteur de la libéralité.

Donations avec réserve d'usufruit

L'interdiction d'accepter des donations avec réserve d'usufruit a été empruntée à l'ordonnance du 14 janvier 1831 par le législateur de 1901, qui a ainsi transformé en une interdiction légale s'appliquant à tous les établissements d'utilité publique, une règle tracée par décret et ne visant que les établissements ecclésiastiques. Cette disposition procédait d'une défiance évidente à l'égard d'une catégorie spéciale d'établissements particuliers; elle fut étendue par la jurisprudence, pendant une certaine période, à tous les établissements soumis à la tutelle administrative pour l'acceptation des libéralités, mais peu à peu la réflexion et les circonstances amenèrent le Gouvernement à se relâcher de cette sévérité excessive.

Il apparut que les abus auxquels pouvait donner lieu cette forme particulière de donation devaient être appréciés dans chaque espèce; il pouvait se rencontrer des cas où l'application trop stricte de la règle posée en 1831 nuirait aux intérêts du Gouvernement lui-même; pourquoi se lier par une jurisprudence inflexible, alors que, pour les établissements laïques, il n'y a aucun texte impératif ? On fut ainsi amené à autoriser un certain nombre de donations de ce genre, dont la plus célèbre est celle de Chantilly, faite à l'Institut; la dernière est celle du château de Montal, faite à l'Etat avec réserve d'usufruit, au profit non seulement du donateur, mais de ses enfants.

On ne voit donc pas pourquoi l'on maintiendrait aujourd'hui pour les établissements de bienfaisance une règle abandonnée pour d'autres établissements. Le Gouvernement pourra d'ailleurs user, quand il le jugera utile, du droit que nous lui avons reconnu de ne pas autoriser l'acceptation de la libéralité et l'exercice judicieux de ce pouvoir suffira à prévenir tous les abus.

Immeubles productifs de revenus

Une autre disposition de la loi de 1901 interdit aux associations de posséder des immeubles productifs de revenus; c'est ici que nous rencontrons l'objection tirée des inconvénients de la main morte. Nous ne contesterons pas que l'accumulation des biens immobiliers dans le patrimoine de personnes morales ne puisse présenter des dangers sérieux. Cette question a eu une importance capitale à l'époque où presque toute la fortune de la France consistait en immeubles, où la possession de ces immeubles conférait des droits et des privilèges importants, où la pérennité de la possession entre les mains d'êtres qui ne mouraient jamais aboutissait forcément à l'accaparement de la fortune publique. Aujourd'hui, la situation a bien changé; en ce qui concerne les valeurs mobilières, et notamment la rente, on peut même soutenir que la main morte, loin d'être un danger, peut contribuer, par le classement définitif des titres, à consolider le crédit public.

En ce qui touche les immeubles, il reste des objections

sérieuses, et l'on doit prendre certaines précautions; mais l'interdiction absolue nous semble excessive. Elle n'existe ni pour les établissements publics, ni pour les sociétés de secours mutuels; il y a des cas où un immeuble productif de revenus annexé à une œuvre de bienfaisance peut indirectement servir au développement de l'œuvre. Il y a même certaines catégories d'immeubles (notamment les forêts), qui seraient peut-être mieux aménagées, avec plus d'esprit de suite, par des associations que par des particuliers (voir la proposition de loi déposée par M. Audiffred et discutée au Sénat le 20 décembre 1912).

Pour tous ces motifs, nous estimons qu'il y aurait lieu de faire disparaître l'interdiction absolue de posséder des immeubles de rapport, sauf à exiger une autorisation par décret pour chaque acquisition, même à titre onéreux.

Legs faits à des établissements non reconnus au décès du testateur

La question de la validité des legs faits à des associations reconnues postérieurement au décès des testateurs, est une question classique, une question d'école qui a suscité de vives controverses et divisé d'excellents esprits. Malheureusement, ce n'est pas la thèse libérale qui l'a emporté et la solution admise par la jurisprudence judiciaire est absolument contraire aux intérêts des établissements de bienfaisance. Nous estimons que le Congrès nous offre une excellente occasion de procéder à une nouvelle étude et de provoquer une disposition légale qui tranche définitivement la controverse au profit des associations charitables. La doctrine de la Cour suprême s'est affirmée dans une série d'arrêts dont le premier remonte à 1864 (1)

____

(1) Voir aux annexes, p. 56, l'arrêt et la note de Dalloz.

(Société philomatique de Verdun), et dont le dernier est du 7 février 1912. La Cour constate que le droit d'accepter des libéralités n'est conféré par la loi qu'aux associations reconnues d'utilité publique ; elle affirme « qu'une asso- » ciation qui ne possède pas ce caractère au décès du » disposant est sans qualité pour recueillir le bénéfice d'un » legs fait à son profit et qu'une reconnaissance ultérieure » ne peut rétroagir à une époque antérieure au décès, ni » priver les héritiers légitimes des droits qui sont acquis » par le fait même du décès ».

En présence d'une jurisprudence aussi ferme et aussi constante, nous ne nous permettrons pas de reprendre, au point de vue légal, les arguments que des jurisconsultes très autorisés, Troplong notamment, avaient fait valoir pour soutenir la thèse inverse. Mais nous avons bien le droit de constater que cette doctrine aboutit en fait à empêcher la constitution des œuvres les plus utiles. Le Code civil allemand (1) n'a pas eu ces scrupules, plus ou moins heureusement empruntés au droit Romain, et il autorise formellement les libéralités faites en vue de la fondation d'un établissement qui n'existe pas au moment du décès du testateur.

La jurisprudence du Ministère de l'Intérieur et du Conseil d'État est depuis longtemps fixée en ce sens, et nous n'hésitons pas à autoriser un legs fait à une association en vue de faciliter sa reconnaisance, toutes les fois que les héritiers ne contestent pas cette solution et que, par suite, nous avons l'assurance que la question de caducité ne sera point portée devant l'autorité judiciaire. Nous demandons qu'une loi intervienne pour permettre d'appliquer dans tous les cas cette jurisprudence libérale. Remarquons que si, comme nous le proposons plus haut, on admettait les associations déclarées à recevoir des legs,

____

(1) Voir aux annexes, p. 66.

cela élargirait encore le cadre de la question et augmenterait singulièrement son intérêt pratique, puisque, pour rendre la libéralité valable, il suffirait que l'association fût, non pas reconnue, mais simplement déclarée après le décès du testateur.

Pourquoi nous limitons la réforme aux associations de bienfaisance

L'étude que nous venons de faire et les arguments que nous avons invoqués pourraient, il semble, s'appliquer à toutes les associations déclarées et devraient aboutir logiquement à une réforme de la loi de 1901 ayant une portée générale. Telles ne sont pas cependant nos conclusions. Nous nous sommes placés, dès le début, et nous entendons nous maintenir jusqu'au bout, sur le terrain des associations de bienfaisance.

La réforme de la loi de 1901 avait été examinée en 1911 par la Section des associations du Musée Social ; il lui avait semblé, qu'après une expérience de dix ans, il était permis de réviser sur certains points l'œuvre du législateur, sans s'écarter de l'esprit général qui y avait présidé. La question des dons et legs avait paru particulièrement intéressante et la Section y avait consacré plusieurs séances. A la suite d'un premier rapport de M. Nast, qui avait envisagé l'ensemble des problèmes relatifs à la personnalité civile, et d'une note magistrale de l'éminent professeur à la Faculté de Droit, M. Berthélemy, la Section avait émis l'avis que toutes les associations déclarées pourraient être reconnues aptes à accepter des dons et legs sous réserve de l'approbation du Gouvernement.

Aujourd'hui, la réforme que nous proposons, restreinte aux associations de bienfaisance, est plus modeste, plus limitée et peut-être plus facile à faire accepter par le Gouvernement et le Parlement.

Déjà, en 1900, au moment où la loi de 1901 était en préparation, nous avions cru pouvoir soumettre au Conseil supérieur de l'Assistance publique, un vœu tendant à reconnaître aux œuvres de bienfaisance une capacité civile étendue. Ce vœu (1), adopté à l'unanimité par la 1re Section, ne put être porté devant le Conseil supérieur qu'à la session de juin 1901. L'élaboration de la loi de 1901 se trouvait alors très avancée et sur le point d'aboutir; le Conseil supérieur estima, dans ces conditions, qu'il était un peu tard pour remettre en question des solutions législatives, insérées dans le projet adopté par la Chambre et auxquelles il ne manquait plus que la sanction du Sénat et l'adoption de la motion fut ajournée.

C'est ce vœu que nous avons repris et que nous avons soumis, en l'élargissant, d'abord au Comité des Congrès d'assistance publique et de bienfaisance privée, puis, fort de l'assentiment de nos collègues, au Congrès lui-même. Il semble que les circonstances se prêtent à une discussion féconde et permettent même d'espérer une réforme législative.

La réunion du Congrès de Montpellier va mettre la question à l'ordre du jour dans les milieux philanthropiques et les représentants les plus qualifiés des œuvres de bienfaisance trouveront l'occasion de faire connaître leurs vues, de défendre leurs opinions sur ce point.

On sait, d'autre part, que le Parlement est actuellement saisi d'un projet de loi sur la surveillance des établissements de bienfaisance privés.

Par déférence pour le législateur, nous ne voulons pas instituer ici une controverse sur les détails d'une réglementation qui est en ce moment l'objet des études d'une Commission du Sénat. Nous nous bornerons à faire observer que le principe de la surveillance est aujourd'hui difficile-

(1) Voir aux annexes, p. 67.

ment contestable, puisqu'il a été successivement adopté dans les projets élaborés par le Conseil supérieur de l'Assistance publique, en 1895, par le Conseil d'Etat en 1900, et enfin par la Chambre des députés en 1912 (1).

Néanmoins, il n'est pas douteux que ce projet a suscité une certaine émotion dans les milieux charitables; les résistances qui se sont produites ne sont sans doute pas irréductibles et portent plutôt sur des prescriptions d'ordre secondaire que sur le principe même du projet de loi.

Pour nous, il serait possible d'arriver à des solutions transactionnelles en maintenant les garanties nécessaires dans l'intérêt des assistés, et en évitant tout ce qui pourrait porter atteinte à l'autonomie des établissements de bienfaisance libres. Mais il faut bien reconnaître qu'une loi n'est tout à fait bonne et efficace que quand elle est acceptée par les intéressés eux-mêmes, et le projet, nous le répétons, se heurte, de ce côté, à bien des préventions. Nous croyons que, dans cette situation, si la réforme que nous préconisons était proposée, cela contribuerait singulièrement à dissiper les défiances. En somme, le droit d'accepter des dons et legs serait une belle rançon qui compenserait largement, pour les institutions charitables, le sacrifice d'une partie... d'une partie très limitée, de leurs libertés. La loi que nous sollicitons interviendrait ainsi très opportunément pour établir d'une équitable façon, et sur des bases durables, la bonne entente, si nécessaire dans l'intérêt des pauvres, entre la bienfaisance privée et les pouvoirs publics.

(1) Voir aux annexes, p. 68 et suivantes.

III

RÉGIME FISCAL

Les questions fiscales que nous allons traiter sont encore plus complexes que celles qui ont fait l'objet du titre premier: le régime légal des associations se trouvait condensé en une seule loi; ici, c'est tout un ensemble de lois qu'il faut envisager. Nous n'entrerons pas dans le détail de chacune d'elles, et, suivant la méthode que nous avons adoptée, nous nous contenterons de poser les principes et de résumer la doctrine et la jurisprudence, laissant au lecteur qui voudrait se livrer à une étude plus approfondie, le soin de se reporter aux sources que nous lui indiquerons.

Un mot d'abord sur l'esprit dans lequel seront formulées les revendications qui vont suivre. Nous reconnaissons que l'unité est, en matière fiscale, une règle nécessaire; que les impôts doivent en général s'appliquer à tout le monde et que les dérogations à la loi commune ne doivent être admises qu'à titre tout à fait exceptionnel. Nous croyons qu'un système d'impôts bien établi repose sur des principes absolus auxquels il serait dangereux de faire brèche, même en faveur de contribuables très intéressants. Aussi nous ne demanderons point que les associations de bienfaisance soient exonérées à l'avenir des contributions auxquelles elles doivent normalement être assujetties; ce que nous voulons obtenir, c'est qu'on ne leur fasse point payer des taxes qui, par leur nature et leur essence, ne leur sont point légitimement applicables. Nous allons préciser notre pensée par un exemple. Personne ne songe à faire exonérer les associations de bienfaisance de la contribution foncière qui est établie sur le revenu net des propriétés bâties et non bâties. Ici l'impôt a un caractère réel: ce sont bien les propriétaires de l'immeuble qui figurent successivement sur le rôle, mais le véritable débiteur du fisc c'est l'immeuble lui-même, c'est le sol, c'est la maison que l'impôt suit toujours, en quelques mains qu'ils passent.

Contribution mobilière

L'impôt mobilier, au contraire, a un caractère essentiellement personnel, comme son titre — contribution personnelle mobilière — l'indique nettement.

D'après les dispositions de la loi du 21 avril 1832, il est dû pour toute habitation meublée et il est assis sur la valeur des locaux affectés à l'*habitation personnelle*. Il faut vraiment un certain effort d'interprétation pour appliquer ces dispositions aux locaux affectés à une œuvre charitable ou aux séances de son Comité. Cet effort, l'administration l'a tenté en soutenant que la contribution mobilière devait être supportée par les personnes morales comme par les autres contribuables, et que l'impôt était dû partout où il y a un local occupé. La jurisprudence n'a pas toujours donné gain de cause à cette thèse ; nous citons plus loin (1) un certain nombre d'arrêts où le Conseil d'Etat a décidé, soit en matière de contribution mobilière, soit pour la taxe d'habitation qui repose sur les mêmes bases, que les locaux où sont installés les bureaux d'une société de houillières, les services d'une caisse d'épargne, une salle d'armes, ne sauraient être « considérés comme » des locaux destinés à l'habitation personnelle, au sens » de la loi du 21 avril 1832 ».

Mais si la décharge a été accordée dans les espèces ci-dessus et dans d'autres analogues, l'administration des

(1) Voir aux annexes, p. 59, 60, 61.

Contributions directes ne s'est pas complètement inclinée devant cette doctrine. Il faut reconnaître d'ailleurs qu'il y a eu un certain flottement dans la jurisprudence sur ce point, et que la résistance de l'administration peut se justifier en invoquant des arrêts qui ne concordent pas avec ceux que nous avons cités. Il est donc nécessaire que le législateur intervienne pour faire cesser toute incertitude. Si l'on veut bien admettre nos idées, en ce qui concerne l'impôt mobilier, il suffira d'un article de loi clair et précis pour faire disparaître des abus qui ne sont pas absolument généralisés et qui d'ailleurs résultent moins de la loi elle-même que de l'application qui en est faite par des agents qui ne connaissent pas le mot de Talleyrand.

Patente

Au regard de l'impôt des patentes, le problème — qui touche de plus près aux intérêts du trésor, puisqu'il s'agit d'un impôt de quotité — est beaucoup moins simple, et la loi que nous sollicitons, si précise qu'en soit la rédaction, laissera à résoudre par l'administration, et au besoin par le juge du contentieux, bien des questions de fait assez délicates.

Essayons d'abord de définir aussi clairement que possible la nature et la base de l'impôt dont il s'agit.

La loi du 25 avril 1844 dispose, dans son article premier: « Tout individu, français ou étranger, qui exerce en » France un commerce, une industrie ou une profession » non compris dans les exceptions déterminées par la pré- » sente loi, est assujetti à la contribution des patentes. »

De ce texte, l'administration des Contributions directes a conclu que la patente serait un impôt frappant le travail sous toutes ses formes, abstraction faite des bénéfices que l'on en peut retirer. Il faut avouer, qu'ainsi comprise, la patente serait le plus inique et le plus dur des impôts.

Mais ce n'est pas, à notre sens, la conception exacte qu'il en faut avoir. La patente est une taxe qui se propose d'atteindre les bénéfices que l'on peut se procurer par les différents commerces, professions ou industries : c'est, en somme, un impôt sur les revenus du travail, dont l'assiette est établie sur des signes matériels (nature et importance du commerce, valeur des locaux qui y sont affectés), de façon à éviter toutes recherches inquisitoriales sur les bénéfices réellement effectués. La loi édicte un forfait qui est favorable, tantôt au fisc, tantôt aux intéressés. Il n'est donc pas douteux qu'un commerçant peut être légitimement astreint à la patente pour une année où ses profits sont médiocres, où même il ne réalise en fait aucun bénéfice ; mais encore faut-il qu'il ait pu en réaliser, qu'il ait eu l'intention de s'enrichir, que son travail ait un but de lucre. Si l'on admet ce critérium, notre problème va singulièrement se simplifier. Quand on se trouvera en présence d'une œuvre qui aura pris la qualification d'œuvre charitable, mais qui sera constituée et outillée en vue de se procurer des bénéfices, nul doute qu'elle ne doive être assujettie à la patente ; cette œuvre se placera d'elle-même en dehors de nos prévisions, puisque nous ne nous occupons que des associations de bienfaisance et que l'association, par nature, par définition, est un groupement de personnes qui s'interdisent de réaliser des bénéfices par le fait de leur groupement lui-même. Comme on le voit, nous ramenons la question de l'exonération de la patente à la justification du caractère d'*association*.

Cette règle admise, il reste à en faire l'application à des œuvres très diverses et dont, nous le reconnaissons, quelques-unes sont absolument à la limite qui sépare l'association désintéressée de la société qui a un but lucratif. Deux principaux cas nous paraissent pouvoir être envisagés :

1° Les œuvres qui reçoivent des malades, des enfants, des vieillards, etc., moyennant une certaine rémunération.

Pour que l'œuvre conserve, malgré ces perceptions, un caractère charitable, il faut, selon nous, qu'elle puise ses principales ressources dans les libéralités de ses membres ou les revenus de sa dotation. C'est une question de proportion et de mesure : le fait de percevoir une rétribution notablement inférieure au prix de revient de chaque assisté, laisse intact le but philanthropique de l'œuvre. Si sur vingt lits dans un hospice, il y en a dix de gratuits, si la pension payée par les personnes secourues est de 75 centimes, alors que la journée de chaque hospitalisé coûte deux francs à l'œuvre, on ne peut pas soutenir que celle-ci a un but intéressé ;

2° Les œuvres qui utilisent la main-d'œuvre des personnes qu'elles recueillent, telles que les œuvres d'assistance pas le travail, les ouvroirs, ateliers d'aveugles, etc... Ici, la question est encore plus délicate, car il faut concilier les intérêts des pauvres, non seulement avec ceux du trésor, mais avec ceux du commerce, auquel il ne serait pas juste de créer une concurrence privilégiée.

D'une façon générale, nous nous déciderons, par les mêmes raisons que ci-dessus ; le motif d'accorder ou de refuser la patente devra être puisé dans le fonctionnement même de l'œuvre : si celle-ci est alimentée uniquement ou même principalement par le produit du travail des personnes qu'elle recueille, c'est une entreprise commerciale, qui ne doit pas échapper à l'impôt sur les bénéfices du commerce. Si, au contraire, ce produit n'est que l'appoint des autres ressources fournies par la générosité des associés, le caractère charitable de l'institution ne nous paraît pas altéré.

Les principes que nous venons de poser ne diffèrent pas absolument des règles tracées par la jurisprudence et l'on trouvera aux annexes quelques arrêts du Conseil d'Etat dont la doctrine nous semble irréfutable (1); mais, malgré

(1) Voir aux annexes, p. 63, 64, 65. et notamment la note de M. Tardieu.

ces arrêts, l'administration n'applique pas toujours saine-
ment les règles qui en découlent et nous pourrions citer
l'exemple d'une personne connue de tout Paris pour son
zèle charitable et les admirables œuvres dont elle a doté
un quartier populeux, et qui a reçu cette année un aver-
tissement de patente comme « logeuse en garni ».

Il ne serait donc pas inutile d'introduire quelques pré-
cisions dans la loi et d'accompagner celle-ci d'instructions
adressées aux agents des contributions pour qu'ils apportent plus de discernement dans l'établissement des rôles.

Droit des pauvres

Nous venons de voir que les œuvres de bienfaisance qui
restent fidèles au principe de leur institution et conservent
un caractère exclusivement charitable, ne devraient pas
être imposées à la patente. Une règle analogue nous paraît
devoir s'appliquer au droit des pauvres.

On sait que cet impôt a été souvent, et tout récemment
encore, l'objet des plus vives attaques ; déclarons d'abord
que nous ne nous rangeons point parmi ses détracteurs et
que nous le considérons comme parfaitement légitime.

C'est un reste de notre ancien droit fiscal et des taxes
établies au profit des bonnes œuvres du clergé sur les
entrepreneurs de mystères. D'après la loi du 7 frimaire
an V (1), l'impôt est de dix pour cent de la recette brute
sur les entrées des théâtres et spectacles de tout genre.
Les intéressés, qui sont gens ingénieux, ont imaginé toute
espèce de combinaisons pour se soustraire à l'impôt qui
diminue leurs profits ; l'administration, de son côté, a dû
user d'une certaine sévérité pour déjouer leurs calculs et
la jurisprudence l'a suivie dans ses rigueurs. Ce ne sont

(1) Voir aux annexes, p. 46.

pas seulement les entrepreneurs patentés qui sont passibles de la taxe ; on recherche et on frappe maints directeurs d'occasion, et même de simples particuliers qui organisent des représentations théâtrales.

Pour nous, la perception de l'impôt devrait être subordonnée à deux conditions : qu'il s'agisse non d'un spectacle absolument isolé, mais d'une série de représentations; que cette entreprise soit organisée dans un but de lucre, et par les motifs que nous avons longuement déduits ci-dessus, nous conclurions que les œuvres de bienfaisance ne devraient pas être assujetties à cette taxe. On peut invoquer en ce sens un arrêt du 25 juillet 1912. Nous citons également divers arrêts du Conseil d'Etat qui ont exonéré du droit des pauvres des sociétés de courses (1). Dans une étude récente, présentée au Congrès d'Education physique, nous avons demandé que les associations sportives fussent assimilées aux associations de bienfaisance ; nous réclamons ici, *a fortiori*, que les associations de bienfaisance profitent d'une jurisprudence favorable aux associations sportives.

Droits de mutation

La question des droits de mutation perçus à l'occasion des libéralités entre vifs ou testamentaires, et sur laquelle les représentants des œuvres de bienfaisance ont déjà appelé à maintes reprises l'attention du législateur, va prendre, si nos propositions primitives sont admises, une importance plus grande encore. Actuellement, il ne s'agit, il ne peut s'agir que des associations reconnues d'utilité publique, seules aptes à recevoir des libéralités ; avec la réforme que nous envisageons, on va se trouver en pré-

(1) Voir aux annexes, p. 61, 62.

sence de toutes les associations de bienfaisance déclarées qui pourront désormais accepter des dons et legs. Nous n'estimons pas que l'on puisse ici préconiser une solution basée sur des principes absolus. Le législateur lui-même a reconnu dans l'art. 19 de la loi du 25 février 1901 (1), que les œuvres de bienfaisance et certaines autres personnes civiles présentant un caractre d'intérèt public devaient bénéficier d'importantes détaxes. Il a fixé cette détaxe à la moitié de l'impôt de droit commun, 9 au lieu de 18 %.

De notre côté, nous ne sollicitons pas une exonération complète ; nous reconnaissons que le principe d'un impôt sur le capital, perçu, au moment où s'opère la mutation de propriété et réclamé à celui qui vient de s'enrichir, est juste en soi. Reste à décider dans quelle mesure on doit l'appliquer aux œuvres de bienfaisance.

Remarquons que, de deux choses l'une : ou le droit est prélevé sur le montant de la libéralité et prend ainsi le caractère d'une taxe sur les pauvres, puisqu'il diminue leur patrimoine ; ou la charge est bénévolement supportée par le donateur, et alors elle devient une sorte d'amende infligée à celui qui vient déjà de se dépouiller volontairement.

Un tel impôt ne saurait, on en conviendra, être trop modéré, et l'on pourrait sensiblement abaisser le taux *de faveur* (9 %), admis en 1901.

IV

CONCLUSIONS

En somme, nous estimons et nous croyons avoir démontré que le régime des associations de bienfaisance com-

(1) Voir aux annexes, p. 49,

porte tout un ensemble de réformes que l'on peut considérer, non seulement comme souhaitables, mais comme possibles à réaliser immédiatement. Leur résultat serait de favoriser l'essor, d'augmenter l'action de la bienfaisance privée et de permettre ainsi de prévenir ou de soulager plus de misères. Pour aboutir à un but si désirable, nous demandons une loi spéciale, mais non — nous insistons sur ce point — une loi d'exception.

En ce qui concerne le régime légal, nous avons démontré que c'est la loi de 1901 qui constitue, pour les associations déclarées, au regard des autres groupements et sociétés, une véritable loi d'exception difficile à justifier : ce que nous proposons, c'est le retour au droit commun, en commençant dès aujourd'hui par les associations de bienfaisance. Pour le régime fiscal, nous réclamons simplement une judicieuse et large application des règles qui président à l'assiette de nos impôts.

Nous considérerions comme un grand honneur pour nous, et même pour le Comité des Congrès d'assistance et de bienfaisance, si cette réforme, amorcée, étudiée et — passez-nous l'expression — lancée au Congrès de Montpellier, arrivait à se traduire dans une loi positive. Nous sommes soutenus dans cet espoir par le souvenir de toutes les grandes lois sociales qui ont eu comme origine commune les travaux du Congrès de Paris de 1889.

On peut rappeler avec une légitime fierté, que la loi du 15 juillet 1893 sur l'assistance médicale gratuite, la loi du 14 juillet 1905 sur l'assistance aux vieillards, les lois des 14 et 30 juillet 1913 sur l'assistance aux familles nombreuses et aux femmes en couches, étaient contenues en germe dans la célèbre résolution du Congrès de 1889, qui avait établi les bases et fixé les limites de l'assistance obligatoire. Sous l'égide de ce précédent, et comme conclusions de ce rapport, nous avons l'honneur de soumettre au Congrès le vœu suivant :

Projet de vœu

Le Congrès, considérant que les associations fondées et entretenues par les particuliers en vue de secourir les indigents, poursuivent un but d'intérêt général; que ces œuvres privées, jouissant d'une complète indépendance et alimentées par des dons volontaires, peuvent tenter l'application de méthodes nouvelles et réaliser des expériences souvent intéressantes sans grever les contribuables, ni engager la responsabilité du Gouvernement ; que d'ailleurs les charges croissantes de l'Etat, des départements et des communes ne leur permettent pas de secourir efficacement toutes les misères : que les associations privées, qui contribuent dans une large mesure, en Francefi au soulagement des pauvres, constituent, pour l'assistance publique, de précieux auxiliaires ; qu'il y a donc lieu de favoriser le développement de ces associations en leur octroyant le bénéfice de la personnalité civile complète et en leur appliquant un régime fiscal en rapport avec leur nature, leur but, l'origine et l'affectation de leurs ressources, conformément aux principes généraux de notre droit financier ;

Emet le vœu :

1° Que les associations déclarées, qui ont pour but exclusif l'assistance ou la bienfaisance, puissent, sous réserve de l'approbation du Gouvernement :

— accepter des libéralités entre-vifs ou testamentaires, y compris les legs ayant pour but de provoquer leur fondation et les donations avec réserve d'usufruit ;

— posséder des immeubles productifs de revenus ;

2° Que ces associations ne soient pas assujetties :

— à la contribution mobilière, pour les locaux affectés à leur fonctionnement ou à leur administration ;

— à la patente, à condition que les rétributions perçues par elles, ou les bénéfices qu'elles réalisent sur le travail des assistés, n'altèrent pas leur caractère de bienfaisance et soient exclusivement employés au soulagement des indigents ;

— au droit des pauvres, pourvu que le produit des fêtes organisées par elles soit intégralement affecté à leur but charitable ;

3° Que le droit de mutation sur les dons et legs faits aux établissements et œuvres de bienfaisance, fixé à 9 % par l'article 19 de la loi du 25 février 1901, soit abaissé à 5 %.

Paris, 1ᵉʳ octobre 1913.

ANNEXES

I. — LOIS.

1ᵉʳ *Juillet* 1901

Loi relative au contrat d'association

TITRE Iᵉʳ

ARTICLE 1ᵉʳ. — L'association est la convention par laquelle deux ou plusieurs personnes mettent en commun d'une façon permanente leurs connaissances ou leur activité dans un but autre que de partager des bénéfices. Elle est régie, quant à sa validité, par les principes généraux du droit applicables aux contrats et obligations.

ART. 2. — Les associations de personnes pourront se former librement sans autorisation ni déclaration préalable, mais elles ne jouiront de la capacité juridique que si elles se sont conformées aux dispositions de l'article 5.

ART. 3. — Toute association fondée sur une cause ou en vue d'un objet illicite, contraire aux lois, aux bonnes mœurs, ou qui aurait pour but de porter atteinte à l'intégrité du territoire national et à la forme républicaine du Gouvernement, est nulle et de nul effet.

ART. 4. — Tout membre d'une association qui n'est pas formée pour un temps déterminé peut s'en retirer en tout temps, après paiement des cotisations échues et de l'année courante, nonobstant toute clause contraire.

ART. 5. — Toute association qui voudra obtenir la capacité

juridique prévue par l'article 6 devra être rendue publique
par les soins de ses fondateurs. La déclaration préalable en
sera faite à la Préfecture du département ou à la sous-Préfec-
ture de l'arrondissement où l'association aura son siège social.
Elle fera connaître le titre et l'objet de l'association, le siège
de ses établissements et les noms, professions et domiciles de
ceux qui, à un titre quelconque, sont chargés de son administration ou de sa direction. Il en sera donné récépissé. Deux
exemplaires des statuts seront joints à la déclaration. Les
associations sont tenues de faire connaître, dans les trois mois,
tous les changements survenus dans leur administration ou
direction, ainsi que toutes les modifications apportées à leurs
statuts. Ces modifications et changements ne sont opposables
aux tiers qu'à partir du jour où ils auront été déclarés. Les
modifications et changements seront en outre consignés sur
un registre spécial qui devra être présenté aux autorités admi-
nistratives ou judiciaires chaque fois qu'elles en feront la demande.

ART. 6. — Toute association régulièrement déclarée peut,
sans aucune autorisation spéciale, ester en justice, acquérir à
titre onéreux, posséder et administrer, en dehors des subventions de l'Etat, des départements et des communes : 1° Les
cotisations de ses membres ou les sommes au moyen desquelles
ces cotisations ont été rédimées, ces sommes ne pouvant être
supérieures à cinq cents francs (500 fr.); 2° Le local destiné
à l'administration de l'association et à la réunion de ses membres ; 3° Les immeubles strictement nécessaires à l'accomplis-
sement du but qu'elle se propose.

ART. 7. — En cas de nullité prévue par l'article 3, la dissolution de l'association sera prononcée par le Tribunal civil,
soit à la requête de tout intéressé, soit à la diligence du ministère public. En cas d'infraction aux dispositions de l'article 5,
la dissolution pourra être prononcée à la requête de tout intéressé ou du Ministère public.

ART. 8. — Seront punis d'une amende de seize à deux cents
francs (16 à 200 fr.) et, en cas de récidive, d'une amende double, ceux qui auront contrevenu aux dispositions de l'article 5.

Seront punis d'une amende de seize à cinq mille francs (16 à 5,000 fr.) et d'un emprisonnement de six jours à un an, les fondateurs, directeurs ou administrateurs de l'association qui se serait maintenue ou reconstituée illégalement après le jugement de dissolution. Seront punis de la même peine toute les personnes qui auront favorisé la réunion des membres de l'association dissoute, en consentant l'usage d'un local dont elles disposent.

Art. 9. — En cas de dissolution volontaire, statutaire ou prononcée par justice, les biens de l'association seront dévolus conformément aux statuts, ou, à défaut de disposition statutaire, suivant les règles déterminées en assemblée générale.

TITRE II.

Art. 10. — Les associations peuvent être reconnues d'utilité publique par décrets rendus en la forme des règlements d'administration publique.

Art. 11. — Ces associations peuvent faire tous les actes de la vie civile qui ne sont pas interdits par leurs statuts, mais elles ne peuvent posséder ou acquérir d'autres immeubles que ceux nécessaires au but qu'elles se proposent. Toutes les valeurs mobilières d'une association doivent être placées en titres nominatifs. Elles peuvent recevoir des dons et des legs dans les conditions prévues par l'article 910 du Code civil et l'article 5 de la loi du 4 février 1901. Les immeubles compris dans un acte de donation ou dans une disposition testamentaire qui ne seraient pas nécessaires au fonctionnement de l'association sont aliénés dans les délais et la forme prescrite par le décret ou l'arrêté qui autorise l'acceptation de la libéralité; le prix en est versé à la caisse de l'association. Elles ne peuvent accepter une donation mobilière ou immobilière avec réserve d'usufruit au profit du donateur.

Art. 12. — Les associations composées en majeure partie d'étrangers, celles ayant des administrateurs étrangers, ou leur siège à l'étranger, et dont les agissements seraient de nature soit à fausser les conditions normales du marché des valeurs ou des marchandises, soit à menacer la sûreté intérieure de l'Etat, dans les conditions prévues par les articles 75 à 101 du Code pénal, pourront être dissoutes par décret du Président de la République, rendu en Conseil des Ministres. Les fondateurs, directeurs ou administrateurs de l'association qui se serait maintenue ou reconstituée illégalement après le décret de dissolution seront punis des peines portées par l'article 8, paragraphe 2.

TITRE III.

....

Loi du 7 Frimaire an V

ARTICLE PREMIER. — Il sera perçu un décime par franc, en sus des prix de chaque billet d'entrée, pendant six mois, dans tous les spectacles où se donnent des pièces de théâtre, des bals, des feux d'artifice, des concerts, des courses et exercices de chevaux, pour lesquels les spectateurs payent.

La même perception aura lieu sur les prix des places louées pour un temps déterminé.

ART. 2. — Le produit de la recette sera employé à secourir les indigents qui ne sont pas dans les hospices.

Loi sur la tutelle administrative en manière de dons et legs
(Du 4 *février* 1901)

ARTICLE PREMIER. — Les dons et legs faits à l'Etat ou aux services nationaux qui ne sont pas pourvus de la nationalité civile sont autorisés par décret du Président de la République.

Art. 2. — Le paragraphe 5 de l'article 46 de la loi du 10 août 1871 est modifié ainsi qu'il suit :

..... 5° Acceptation des dons et legs faits au département quand ils ne donnent pas lieu à réclamation et refus de ces libéralités dans tous les cas.

Art. 3. — Le paragraphe 8 de l'article 68 et les articles 111 et 112 de la loi du 5 avril 1884 sont modifiés ainsi qu'il suit :

Art. 68. — ..... 8° L'acceptation des dons et legs faits à la commune, lorsqu'ils donnent lieu à des réclamations des familles.

Art. 111. — Le Conseil municipal statue définitivement sur l'acceptation des dons et legs faits à la commune, quand ils ne donnent pas lieu à des réclamations des familles.

Toutefois, si la donation ou le legs a été fait à un hameau ou quartier d'une commune qui n'est pas encore à l'état de section ayant la personnalité civile, les habitants du hameau ou quartier seront appelés à élire une commission syndicale, conformément à l'article 120 ci-dessous. La commission syndicale délibérera sur l'acceptation de la libéralité, et, dans aucun cas, l'autorisation d'accepter ne pourra être accordée que par décret rendu dans la forme des règlements d'administration publique.

Art. 112. — Lorsque la délibération porte refus de dons ou legs, le préfet peut, par un arrêté motivé, inviter le conseil municipal à revenir sur sa première délibération. Le refus n'est définitif que si, par une seconde délibération, le conseil municipal déclare y persister ou si le préfet n'a pas requis de nouvelle délibération dans le mois de la réception de la délibération portant refus.

Si le don ou le legs a été fait à une section de commune et que le conseil municipal soit d'avis de refuser la libéralité, il sera procédé comme il est dit au paragraphe 2 de l'article 111.

Art. 4. — Les établissements publics acceptent et refusent, sans autorisation de l'administration supérieure, les dons et legs qui leur sont faits sans charges, conditions ni affectation immobilière.

Lorsque ces dons ou legs sont grevés de charges, conditions ou d'affectation immobilière, l'acceptation ou le refus est autorisé par arrêté du préfet, si l'établissement bénéficiaire a le caractère communal ou départemental, et par décret en Conseil d'Etat, s'il a le caractère national.

Toutefois, les conseils municipaux continueront à donner leur avis sur les dons et legs faits aux hospices et bureaux de bienfaisance qui auront le caractère communal, et, en cas de désaccord entre la commune et l'hospice ou bureau de bienfaisance sur l'acceptation ou le refus des libéralités, le préfet statuera définitivement par arrêté motivé.

Art. 5. — L'acceptation des dons et legs faits aux établissements reconnus d'utilité publique est autorisée par le préfet du département où est le siège de l'établissement.

Toutefois, si la donation ou le legs consiste en immeubles d'une valeur supérieure à trois mille francs (3.000 fr.), l'autorisation est accordée par décret en Conseil d'Etat.

Art. 6. — Il n'est pas dérogé à la loi du 1er avril 1898 sur les sociétés de secours mutuels.

Sont également maintenues les dispositions concernant l'autorisation des dons et legs faits aux établissements publics du culte, ainsi qu'aux congrégations et communautés religieuses autorisées.

Art. 7. — Dans tous les cas où les dons et legs donnent lieu à des réclamations des familles, l'autorisation de les accepter est donnée par décret en Conseil d'Etat.

Art. 8. — Tous les établissements peuvent, sans autorisation préalable, accepter provisoirement ou à titre conservatoire les dons et legs qui leur sont faits.

Art. 9. — Sont abrogées toutes dispositions contraires à la présente loi.

Loi de Finances du 25 février 1901

. . . .
. . . .

ART. 19. — Sont soumis à un droit de neuf francs pour cent francs (9 %), sans addition de décimes, les dons et legs faits aux départements et aux communes, en tant qu'ils sont affectés par la volonté expresse du donateur à des œuvres d'assistance, ainsi que les dons et legs faits aux établissements publics charitables et hospitaliers, aux sociétés de secours mutuels et à toutes autres sociétés reconnues d'utilité publique dont les ressources sont affectées à des œuvres d'assistance.

Il sera statué sur le caractère de bienfaisance de la disposition par le décret rendu en Conseil d'État ou l'arrêté préfectoral qui en autorisera l'acceptation.

Sont également soumis à un droit de neuf francs pour cent francs (9 %), sans addition de décimes, les dons et legs faits aux sociétés d'instruction et d'éducation populaire gratuites reconnues d'utilité publique et subventionnées par l'État.

À l'égard de tous les biens légués aux départements et à tous autres établissements publics ou d'utilité publique, le délai pour le paiement des droits de mutation par décès ne courra contre les héritiers ou légataires saisis de la succession qu'à compter du jour où l'autorité compétente aura statué sur la demande en autorisation d'accepter le legs, sans que le paiement des droits puisse être différé au delà de deux années à compter du jour du décès.

Cette disposition ne porte pas atteinte à l'exercice du privilège que l'article 32 de la loi du 22 frimaire an VII accorde au Trésor sur les revenus des biens à déclarer.

. . . .
. . . .

II. — JURISPRUDENCE

Avis du Conseil d'Etat du 28 juillet 1891

LEGS
par le sieur Mont-
chaussé à la Cham-
bre Syndicale des
Tapissiers.

—

M. BÉQUET
Rapporteur

—

Le Conseil d'Etat qui, sur le renvoi ordonné par le Ministre du Commerce, de l'Industrie et des Colonies a pris connaissance d'un projet de décret tendant à autoriser la Chambre Syndicale des Tapissiers à accepter le legs de deux rentes annuelles et perpétuelles, chacune de 365 francs, qui leur a été fait par le sieur Montchaussé, suivant son testament olographe du 10 décembre 1886;

Vu la loi du 21 mars 1884, art. 6 et 8;

Considérant que les droits conférés aux Syndicats professionnels ont été limitativement déterminés par la loi du 21 mars 1884;

Considérant qu'aucune disposition de cette loi ne permet au Gouvernement d'autoriser l'acceptation du legs fait à la Chambre Syndicale des Tapissiers par le sieur Montchaussé ;

Est d'avis,

Qu'il n'y a pas lieu d'adopter l'art. 1er du projet de décret.

Avis du Conseil d'Etat du 5 janvier 1893

Syndicats profession-
nels.— Faculté d'ac-
quérir à titre gra-
tuit. — Acceptation
des libéralités par
décret.

M. CHAUCHAT
Rapporteur

Les Sections Réunies des Travaux Publics, etc... et de Législation, etc... consultées par le ministre du Commerce sur la
question de savoir : 1° si les Syndicats professionnels peuvent
acquérir à titre gratuit, c'est-à-dire sous forme de donation ou
de legs; 2° et, en cas d'affirmative, s'ils sont soumis, pour
l'acceptation des libéralités qui leur seraient faites, à l'autorisation par décret, telle qu'elle est prévue par l'art. 910 du Code
civil;

Vu la loi du 21 mars 1884, notamment les art. 6 et 8;

Considérant que les droits conférés aux Syndicats professionnels ont été limitativement déterminés par la loi du 21 mars
1884, et qu'ils ne sauraient être étendus au-delà des termes mêmes de cette loi;

Que l'art. 6 leur permet d'employer les sommes provenant
des cotisations, en limitant l'emploi de ces sommes en ce qui
concerne les immeubles; mais qu'aucune disposition ne les autorise à acquérir à titre gratuit par donation ou par legs;

Que l'art. 8 stipule même que, dans le cas où il leur aurait
été fait une libéralité, le Procureur de la République pourrait,
aussi bien que les intéressés, en poursuivre la nullité;

Sont d'avis que les Syndicats professionnels ne peuvent pas
acquérir à titre gratuit, par donation ou par legs, et qu'en
conséquence il n'y a pas lieu de délibérer sur la seconde question.

---

*Jugement rendu, le 10 juillet 1896, par le Tribunal civil de la
Seine (Affaire Chambre syndicale des patrons tapissiers contre consorts Montchaussée). Dalloz, 1898, 2e partie, page 138.*

Attendu que la loi du 21 mars 1884, en autorisant la formation entre personnes exerçant la même profession de syndicats
ou associations ayant pour objet l'étude et la défense des intérêts économiques, industriels, commerciaux et agricoles, a
attribué à ces associations le caractère de personnes civiles
par le fait même de leur constitution, sans qu'aucune formalité
fût nécessaire pour l'obtention de cette personnalité; qu'elle leur
reconnaît expressément le droit d'ester en justice et d'acquérir
des biens, limitant seulement ce dernier droit, en ce qui concerne les immeubles, à ceux qui sont nécessaires à leurs réu-
nions, à leurs bibliothèques et à des cours d'instruction pro-
fessionnelle ;

Attendu que le texte adopté par le Sénat, en 1882, contenait
une disposition expresse qui interdisait aux syndicats professionnels de recevoir des dons et d'acquérir autrement qu'à titre
onéreux ; que cette interdiction a été intentionnellement éliminée
du projet voté en 1883 par la Chambre des députés, projet qui,
soumis de nouveau au Sénat, est devenu, sans modification
sur ce point, le texte définitif de la loi du 21 mars 1884; que
les syndicats ont donc, comme conséquence de leur personnalité civile et en vertu de la loi organique qui les a institués,
la capacité d'acquérir à titre gratuit;

Attendu que ces associations ne sauraient être assimilées aux
sociétés privées, qui ont pour objet essentiel, aux termes de
l'art. 1832 du Code civil, de mettre quelque chose en commun
en vue de partager le bénéfice qui pourra en résulter ; que
devant nécessairement et à peine de dissolution se consacrer à
l'étude et à la défense des intérêts de certaines collectivités,
elles ont un caractère d'utilité publique qui a déterminé le
législateur à les soustraire à l'application des anciennes lois
restrictives de la liberté d'association; mais que ce caractère

n'implique point à leur égard la nécessité d'obtenir l'autorisation du Gouvernement pour recueillir des dons et legs; que la loi nouvelle, de même qu'elle leur permettait de se former sans aucun des modes d'autorisation requis pour la fondation des autres établissements d'utilité publique, a affranchi leur fonctionnement de toute tutelle et n'a institué aucune procédure pour autoriser les acquisitions à titre gratuit qu'elles pourraient faire ;

Attendu que, pour sauvegarder la sécurité publique et les droits de l'Etat, cette même loi a cru devoir substituer à l'intervention préventive de l'Administration la seule action répressive des tribunaux au cas d'infraction aux statuts ;

Attendu qu'il y a entre les intérêts des ouvriers et ceux des patrons une solidarité suffisante pour qu'un syndicats de patrons puisse accepter un legs destiné à venir en aide à d'anciens ouvriers sans faire un acte étranger à l'objet même de son institution ;

Attendu que cette interprétation de la loi n'a rien de contraire aux termes de l'avis du Conseil d'Etat qui, en se fondant sur le texte même de la loi du 21 mars 1884, a dit n'y avoir lieu d'adopter un projet de décret tendant à autoriser l'acceptation des legs faits par Montchaussée au syndicat des tapissiers.

Arrêt de Cassation du 23 février 1891. Sirey, 1892, p. 73.

Premier moyen. — Attendu qu'il est de l'essence de sociétés civiles, aussi bien que des sociétés commerciales, de créer, au profit de l'individualité collective, des intérêts et des droits propres et distincts des intérêts et des droits de chacun de ses membres ; que les textes du Code civil (notamment les art. 1850, 1852, 1867, 1845, 1846, 1847, 1848, 1855, 1859) personnifient la Société d'une manière expresse, en n'établissant jamais des rapports d'associé à associé, et en mettant toujours les associés en rapport avec la Société; que les sociétés civiles constituent, tant qu'elles durent, une personne morale, laquelle est propriétaire du fonds social; que, par suite, l'arrêt attaqué, en déclarant sans valeur et inopérante l'hypothèque consentie, le 9 juin 1884, par Rigal à la Banque générale des Alpes-Maritimes, sur des immeubles qui n'étaient pas la co-propriété exclusive de la Société, dont l'existence a été reconnue, n'a violé aucun des textes ou des principes invoqués, et est suffisamment motivé ;

Sur le deuxième moyen tiré de la violation de l'art. 7 de la loi du 20 février 1810, des art. 1032 et suiv., Code civil, 47 et suiv. Code commerce: Attendu que les juges ne sont pas tenus de donner un motif spécial sur le rejet d'un moyen que les qualités du jugement ou de l'arrêt ne constatent pas d'une manière formelle avoir été proposé, ni de donner des motifs ou de prononcer explicitement sur des conclusions, alors qu'il n'est pas justifié qu'elles ont été mises sous leurs yeux, encore bien qu'elles aient été notifiées à l'avoué adverse; que, d'ailleurs, en supposant que la question dont parle le pourvoi ait été posée devant la cour d'appel, l'arrêt y répondrait implicitement et virtuellement, lorsqu'il déclare qu'il résulte des actes et des faits de la cause qu'il a existé une véritable société civile, qui formait un être moral, une personne distincte des associés, sur les immeubles de laquelle ceux-ci n'avaient qu'un droit purement mobilier, ce qui exclut évidemment toute idée d'une association en participation; que le deuxième moyen, basé sur un défaut de motifs, doit donc être écarté;

Rejette, etc...

Arrêt de Cassation du 2 mars 1892. Sirey, 1892. p. 497

..... Sur le deuxième moyen, pris de la violation des règles du contrat de Société, des art 1862 et suiv. Code civil, des art. 68, 456 et 669, Code proc. ;

Attendu, en droit, que les Sociétés civiles, tant qu'elles durent, constituent, comme les Sociétés commerciales, des êtres moraux qui sont propriétaires du fonds social ; Attendu que, se plaçant dans l'hypothèse où la Société des forces motrices serait, non pas commerciale, mais civile, l'arrêt attaqué déclare qu'elle a une personnalité juridique distincte de celle des associés, et un patrimoine propre, dont fait partie le droit de créance contesté ; qu'il en conclut que l'appel interjeté contre elle lui a été régulièrement notifié par copie unique délivrée à son avoué, quel que soit le nombre des membres dont elle se compose ;

Attendu que cette décision, loin de violer les textes ou les principes sus-visés, en fait une juste application; Rejette, etc...

Arrêt de Cassation du 2 janvier 1894. Sirey. 1894. p. 129.

Attendu que les statuts de la Société demanderesse, auxquels se sont référées les conclusions prises en cause d'appel et les motifs de l'arrêt attaqué, ne présentent point la substance du contrat de société, tel qu'il est défini par l'art. 1832 Code civil, ses adhérents n'étant conviés à aucun partage des bénéfices à réaliser par le résultat des opérations en vue desquelles leurs souscriptions sont recueillies ; qu'en cet état, l'institution dont s'agit ne pourrait être capable de recevoir des libéralités que dans le cas où elle aurait le caractère d'établissement d'utilité publique, reconnu par une loi ou par un décret rendu sur avis du Conseil d'Etat ; qu'à la vérité, les assoications formées dans un but d'intérêt général, et spécialement les sociétés de courses, lorsqu'elles ont obtenu l'approbation du pouvoir administratif, trouvent, tant dans la nature de leur objet que dans cette adhésion de l'autorité publique, une individualité propre, qui les rend idoines à fonctionner dans l'ordre de l'entreprise déterminée par leurs statuts, et, par suite, à soutenir les procès qui s'y rapportent; mais qu'elles ne sauraient acquérir ainsi la véritable personnalité civile, qui, réservée aux seuls établissements légalement reconnus par l'Etat, leur permet d'être gratifiés par testament; qu'en appliquant ces principes à la cause, la Cour de Nimes n'a violé aucune loi ; Rejette, etc...

Arrêt de Cassation du 29 octobre 1894. Sirey, 1895, p. 65.

Attendu qu'une association, qui n'a pas pour but la réalisation de bénéfices à partager entre les associés, n'est pas une

société dans le sens de l'art. 1832, Code civil; que, dès lors,
à moins d'être légalement reconnue par l'Etat, elle ne constitue pas une personne morale capable de recevoir des libéralités ; Attendu que ce principe s'applique à toutes les Sociétés
sous quelle forme et sous quelque dénomination qu'elles se
soient créées, aussi bien à celles qui, comme la demanderesse,
ont pris la dénomination de société anonyme à capital variable,
qu'aux autres espèces de sociétés ; Attendu que cette condition
substantielle de toute société ne se rencontre pas dans la société
scientifique de spiritisme, que le sieur Guérin a institué sa
légataire universelle par son testament olographe du 4 août
1885; qu'il résulte, en effet, des statuts, auxquels se sont réfé-
rés les conclusions prises en appel par les héritiers Guérin et
les motifs de l'arrêt attaqué, qu'elle n'avait pour objet et pour
but que de faire connaître le spiritisme par la publicatio d'un
journal et d'ouvrages traitant du spiritisme; que, pendant toute
la durée de la société, fixée à quatre-vingt-dix-neuf ans, ses
adhérents n'étaient appelés à aucun partage de bénéfices à
réaliser par suite des opérations auxquelles elle se livrait ;
Attendu, d'autre part, que ladite société n'a jamais été reconnue légalement par l'Etat ; d'où il suit, qu'en déclarant qu'elle
était incapable de recevoir à titre gratuit, et en annulant pour
ce motif le legs universel fait à son profit par le sieur Jean
Guérin, l'arrêté attaqué n'a ni violé, ni faussement appliqué les
articles visés par le pourvoi ; Rejette, etc...

Arrêt de Cassation du 12 avril 1894. Dalloz, 1, 218.

Attendu que le testament de la demoiselle de Bousmard, dé-
cédée le 18 mars 1855, contenait un legs au profit de la Société philomathique de Verdun ; que, par décret impérial du
4 avril 1860, cette société a été reconnue établissement d'utilité publique et autorisée à accepter le legs dont il s'agit; Attendu
que cette autorisation ne fait pas obstacle à ce que les héritiers du sang contestent la validité dudit legs, n'ayant été don-

née que sauf les droits des tiers ; Attendu qu'il est de droit public en France qu'aucune communauté, association ou corps moral ne peut exister qu'en vertu d'acte de l'autorité publique; que jusque-là un corps semblable ne constitue pas une personne civile et ne peut acquérir ni posséder légalement; Attendu que c'est au moment du décès du testateur que se déterminent les droits de chacun à sa succession légitime ou testamentaire; qu'à ce moment les héritiers du sang sont saisis de plein droit, à moins qu'ils ne se trouvent en présence d'ayants-droit capables de recueillir ; qu'une Société non légalement reconnue n'ayant pas, lors du décès, une existence légale, une personnalité juridique, est sans qualité pour recueillir le bénéfice du legs fait à son profit; et qu'un acte postérieur d'autorisation ne peut rétroagir à une époque antérieure au décès, ni priver les héritiers légitimes de droits à eux acquis par le fait même de ce décès; D'où il suit qu'en rejetant la demande en délivrance de legs formée par la Société philomathique de Verdun, par le motif qu'elle n'avait été reconnue comme établissement d'utilité publique que postérieurement au décès de la demoiselle de Bousmard, testatrice, la cour impériale de Nancy n'a violé aucune loi; Par ces motifs, rejette.

Note de l'arrétiste. — Il est constant que les corporations formées sans l'autorisation du Gouvernement n'ont pas d'existence civile, et sont incapables d'acquérir et notamment de recevoir des libéralités (V. Jur. gén., Vis. disp. entre vifs et test. N° 324, et secours publics, n° 34). Il ne paraît pas moins certain que l'autorisation n'a pas d'effet rétroactif, et qu'en conséquence, la capacité de l'établissement ne commence qu'à la date de cette autorisation; d'où il suit qu'un legs fait à une corporation non encore autorisée lors du décès du testateur, est caduc pour incapacité du légataire, quoiqu'il ait plus tard reçu cette autorisation (V. Douai, 30 juin 1851, rapporté avec Civ. cass., 6 mars 1854 (D. P. 54. 1. 123); Angers, 28 janvier 1863 (D. P. 63. 2. 190). C'est aussi ce que juge le présent arrêt de la Cour de Cassation.

Cependant M. Troplong, discutant la question à propos de l'arrêt précité de la Cour de Douai, cassé sous sa présidence, mais par des motifs étrangers à cette question (V. Civ. Cass. 6 mars 1854, *loc. cit.*), enseigne, au contraire, la rétroactivité de l'autorisation, la libéralité étant réputée faite dans la prévision, depuis réalisée, que l'établissement gratifié serait autorisé et deviendrait ainsi capable de recevoir. « Dans la vérité des principes, dt M. Troplong (Donat. et test., t. II, n° 612), on n'aurait aucune raison sérieuse de contester la validité d'un legs ainsi conçu : Je donne 50.000 francs à la Congrégation de..., si elle vient à être autorisée par le Gouvernement. Cette disposition équivaut à celle de la loi 62, Dig. De hœred. instit : « *Cum capere potuerit.* » Il en serait de même si le legs, au lieu de renfermer la condition expresse dont il vient d'être question, la contenait implicitement, comme, par exemple, lorsque le testateur, voulant gratifier une congrégation religieuse n'ayant encore qu'une existence de fait au moment du testament, mais nourrissant la pensée de régulariser son établissement par l'obtention ultérieure d'une autorisation, fait en sa faveur une disposition de dernière volonté; dans ce cas, en effet, il est clair que le testateur a sous-entendu la condition *cum capere potuerit;* c'est là une de ces conditions implicites, *quæ insunt,* comme dit la loi romaine. Et quand intervient l'autorisation du Gouvernement, le legs est valide *ab initio,* par l'effet rétroactif attaché à la réalisation des conditions. » M. Demolombe (*Donat. et test.,* t. I, n°[s] 588 et 589) repousse, comme l'arrêt ci-dessus ce système de rétroactivité, et refute ainsi l'argumentation de M. Troplong. « Il n'est pas possible de supposer, dit-il, que le disposant qui a fait une libéralité au profit d'une communauté non autorisée, y a mis implicitement la condition qu'elle obtiendrait l'autorisation.

Nous n'admettons pas, avec M. Troplong, que ce soit là une de ces conditions implicites, *quæ insunt.* Notre avis est, au contraire, que la disposition ainsi faite au profit d'une communauté non autorisée, devrait être déclarée nulle, et que cette nullité serait indépendante de toute autorisation postérieure d'existence légale et d'acceptation... Et maintenant, peut-il en être autrement dans le cas où la disposition est faite à la communauté non autorisée, sous la condition expresse qu'elle obtiendra l'autorisation ? Mais comment une disposition, même seulement conditionnelle, peut-elle être faite directement et principalement au profit d'une personne qui n'existe pas du tout? Et puisqu'on ne peut pas disposer conditionnellement au profit d'un enfant non conçu, s'il vient à naitre, ne doit-il pas aussi être vrai qu'on ne peut pas disposer conditionnellement au profit d'une communauté non autorisée si elle vient à être autorisée? » (V. aussi dans le même sens, Aubry et Rau, d'après Zacharine, t. V, p. 432, et une dissertation de M. de Baulny, *Rev. crit. de législ. et de jurisp.*, t. XIV, p. 237).

L'arrêt que nous rapportons consacre pleinement cette dernière opinion. Il proclame, en règle, que la capacité de recevoir un legs doit exister à l'époque du décès du testateur. Cette capacité n'est pas une simple condition de la libéralité; elle en forme l'un des éléments constitutifs. Il n'appartient donc pas au disposant de lui assigner une époque autre que celle déterminée par la loi, ni par une clause expresse, ni, à plus forte raison, sous forme de condition tacite, ainsi qu'on le prétendait dans l'affaire à propos de laquelle est intervenue la décision actuelle de la Cour suprême.

Arrêt du Conseil d'État du 31 mars 1905

» LE CONSEIL D'ÉTAT, statuant au Contentieux,

» Sur le rapport de la Section du Contentieux,

» Vu..

» Considérant que, d'après l'article 12, paragraphe 1er, de la loi du 12 juin 1901, la taxe municipale d'habitation dans la Ville de Lyon est fixée à 9 % de la valeur locative des locaux servant à l'habitation personnelle; que les locaux dans lesquels sont installés les bureaux de la Caisse d'Épargne et Prévoyance du Rhône, s'ils sont occupés par les personnes que cette Caisse emploie, ne sauraient cependant être considérés *comme servant à l'habitation personnelle au sens de la loi précitée;* qu'ainsi c'est à tort que la Caisse requérante a été imposée à la taxe contestée pour l'année 1901 à raison des locaux dont s'agit :

» DÉCIDE :

» ARTICLE PREMIER. — L'arrêté susvisé du Conseil de Préfecture du département du Rhône, en date du 4 mars 1903, est annulé.

» ART. 2. — Il est accordé à la Caisse d'Épargne et de Prévoyance du Rhône décharge de la taxe d'habitation à laquelle elle a été imposée, pour l'année 1901, sur le rôle de la Ville de Lyon, à raison de ses locaux sis nᵒˢ 12, 14 et 33, rue de la Bourse.

Arrêt du Conseil d'État du 31 mars 1905

» Le Conseil d'État, statuant au Contentieux,

» Sur le rapport de la Section du Contentieux,

» Vu ....

» Considérant que les deux requêtes susvisées sont relatives à la même contribution dans la même commune et pour deux années différentes; que, dès lors, il y a lieu de les joindre pour être statué par une seule décision;

» Considérant que, d'après l'article 12, paragraphe 1ᵉʳ, de la loi du 12 juin 1901, la taxe municipale d'habitation dans la Ville de Lyon est fixée à 9 % de la valeur locative des locaux servant à l'habitation personnelle; que les locaux dans lesquels sont installés les bureaux de la Société anonyme des Houillères de Montrambert et de la Béraudière, s'ils sont occupés par les personnes que cette Société emploie, ne sauraient cependant être *considérés comme servant à l'habitation personnelle au sens de la loi précitée;* qu'ainsi, c'est à tort que la Société réqué-d'habitation auxquelles elle a été imposée pour les années 1901 et 1902 à raison des locaux dont s'agit;

» Décide :

» Article premier. — Les arrêtés susvisés du Conseil de Préfecture du Rhône, en date des 20 juillet et 15 octobre 1902, sont annulés.

» Art. 2. — Il est accordé à la Société anonyme des Houillères de Montrambert et de la Béraudière décharge des taxes d'habitation auxquelle elle a été imposée pour les années 1901 et 1902 sur les rôles de la Ville de Lyon.

Arrêt du Conseil d'Etat du 31 juillet 1905

» LA 2ᵉ SOUS-SECTION DE LA SECTION TEMPORAIRE DE CONTENTIEUX DU CONSEIL D'ETAT, siégeant en séance publique,

» Vu ....

» Considérant qu'il est reconnu par le Ministre des Finances que les locaux situés à Paris, rue Joubert, n° 32, à raison desquels le sieur Mérignac a été imposé à la contribution mobilière, pour l'année 1902, sur le rôle de la Ville de Paris, sont exclusivement affectés à l'enseignement de l'escrime et spécialement aménagés à cet effet; qu'ils ne sauraient, dans ces conditions, *être considérés comme des locaux destinés à l'habitation personnelle au sens de la loi du 21 avril 1832*; qu'ainsi, c'est à tort que le Conseil de Préfecture n'a pas accordé au sieur Mérignac la décharge de l'imposition contesté;

» DÉCIDE :

» ARTICLE PREMIER. — L'arrêté susvisé du Conseil de Préfecture du département de la Seine, en date du 20 avril 1904, est annulé.

» ART. 2. — Il est accordé au sieur Mérignac décharge de la contribution mobilière à laquelle il a été assujetti, pour l'année 1902, sur le rôle de la Ville de Paris.

Arrêt du Conseil d'Etat du 25 juillet 1912

Droit des Pauvres. Bureau de bienfaisance de Lyon

Considérant, qu'en vertu des lois sus visées des 7 frimaire et 8 thermidor an V, le droit des pauvres est établi sur les spectacles où se donnent des pièces de théâtre, des bals, des feux d'artifice, des concerts, des courses de chevaux, pour lesquels les spectateurs payent;

Considérant que la cérémonie célébrée, le 19 mars 1909, dans l'église de Saint-Jean, à Lyon, et à l'occasion de laquelle le bureau de bienfaisance a prétendu percevoir le droit des pauvres, était un salut solennel, sous la présidence de l'archevêque et avec le concours d'un chœur, composé des enfants des écoles primaires catholiques de Lyon; que les chants exécutés par ce chœur, au cours et à l'occasion de la cérémonie, avaient un caractère liturgique ou religieux; que, dès lors, nonobstant la circonstance qu'un certain nombre de places étaient payantes et la publicité donnée à l'audition musicale, la cérémonie dont s'agit était une cérémonie religieuse; que, par suite, c'est avec raison que le Conseil de Préfecture a décidé qu'elle ne rentrait pas dans la catégorie des spectacles ou fêtes sur lesquels les lois susvisées autorisent la perception du droit des pauvres;

Décide :

ARTICLE PREMIER. — La requête susvisée du Bureau de bienfaisance de Lyon est rejetée.

ART. 2. — Les frais de timbre exposés devant le Conseil d'État par le sieur Nugue et s'élevant à 1 fr. 80 lui seront remboursés par le bureau de bienfaisance de Lyon.

Même décision pour une cérémonie célébrée le 4 février 1909 dans l'Eglise de St-Martin d'Ainay, à Lyon, et à l'occasion de laquelle le bureau de bienfaisance a prétendu percevoir le droit des pauvres. Cette cérémonie était un sermon avec salut, sous la présidence d'un évêque et avec le concours d'une société chorale dite : « la Schola palestrienne ».....

Arrêt du Conseil d'Etat du 13 juin 1873

SOCIÉTÉ DES COURSES DE ROUEN.

» Considérant que la Société des Courses rouennaises, approuvée par arrêt du Préfet du département de la Seine-Inférieure, en date du 8 avril 1865, a été fondée « dans le but

» d'encourager l'élève et l'amélioration du cheval de service et
» de guerre dans la Seine-Inférieure, au moyen de courses de
» chevaux »;

» Considérant que le Gouvernement intervient dans le règlement de ces courses et dans la désignation des Commissaires;
— qu'ainsi les courses de la Société rouennaise sont organisées par cette Société dans le but de poursuivre, de concert avec le Gouvernement, auquel elle prête son concours, l'œuvre d'intérêt général et national de l'amélioration de la race chevaline; — que, d'ailleurs, toutes les recettes de la Société sont intégralement affectées, aux termes mêmes des statuts, à l'œuvre d'intérêt public, et que, dans ces circonstances, les sommes payées par les personnes admises dans l'enceinte des courses, et qui contribuent ainsi à l'œuvre poursuivie, ne peuvent être considérées comme le prix d'une fête ou d'un spectacle offert au public par ladite Société; — que de ce qui précède, il résulte que les courses de la Société rouennaise, ne rentrent pas dans la catégorie des spectacles ou fêtes pour lesquels les lois des 7 frimaires et 8 thermidor an V et les lois de finances autorisent la perception du droit des pauvres; — que, dès lors, c'est avec raison que le Conseil de Préfecture du département de la Seine-Inférieure a décidé que ledit droit ne devait pas être prélevé sur les sommes perçues par la Société des Courses rouennaises à l'entrée de l'enceinte des courses organisées par cette Société. »

Dans le même sens : Société des courses de Vichy, 12 juin 1891; — Concours hippique de la Côte-d'Or, 11 janvier 1907.

———————

Arrêt du Conseil d'État du 18 avril 1860. Lebon, p. 324

. . . .

Considérant qu'aux termes de l'art. 1er de la loi du 25 avril 1844, la contribution des patentes est due pour tout individu qui exerce un commerce ou une industrie non comprise dans les exceptions déterminées par la loi;

Considérant qu'il résulte de l'instruction que la Commission administrative des hospices de St-Omer exploite, dans cette ville, un lavoir public, un établissement de bains chauds et une école de natation, et perçoit du public, pour ces divers services, des rétributions analogues à celles qui sont perçues dans les établissements privés; que, dans ces circonstances, l'administration des hospices de Saint-Omer n'est pas fondé à demander décharge de la contribution des patentes à laquelle elle a été imposée, pour l'année 1858, sur le rôle de la Ville de Saint-Omer, comme exploitant un lavoir public, un établissement de bains chauds et une école de natation... Rejet.

Arrêt du Conseil d'Etat du 15 mars 1872. Sirey, 1873-2, 312

Considérant qu'il résulte de l'instruction que le sieur Lorrain reçoit les jeunes orphelins dans son établissement moyennant un prix de pension qui est habituellement compris entre 200 et 300 francs; qu'il tire profit des produits fabriqués par les maîtres de l'enseignement professionnel et par les élèves; que, depuis la fondation de l'établissement, peu d'orphelins y ont été admis moyennant un prix de pension inférieur à 200 francs; que, dans ces conditions, cet établissement ne saurait être considéré comme ayant un but exclusivement charitable; que la circonstance que le sieur Lorrain a fondé son institution dans un but de bienfaisance ne suffit pas pour motiver la décharge demandée; qu'il y a lieu, en conséquence, de rejeter la requête;

ARTICLE PREMIER. — La requête du sieur Lorrain est rejetée.

Arrêt du Conseil d'Etat du 13 janvier 1882. Sirey, 1881, 3-1

Considérant que l'asile de la Providence a été reconnu d'utilité publique par ordonnance du 24 décembre 1817; que, aux termes de l'art. 2 de ladite ordonnance, cet établissement a pour but de servir de retraite aux pauvres vieillards et aux indigents infirmes des deux sexes de la Ville de Paris qui y sont logés, chauffés, nourris, blanchis et éclairés tant en santé qu'en

maladie; et que, si l'insuffisance de la dotation oblige l'asile
à exiger une pension annuelle d'un certain nombre des individus qui y sont reçus, cette rémunération est formellement prévue et le taux en est fixé par l'ordonnance du 24 décembre 1817
et l'arrêté ministériel du 17 mai 1844; Considérant que l'instruction n'a relevé aucun fait de nature à être envisagé soit comme
étranger au but charitable qui a fait reconnaître l'asile comme
ne rentrant pas dans les conditions de cette reconnaissance;
que, d'ailleurs, le contrôle qu'exercent, en vertu de l'ordonnance
du 24 décembre 1817, le Préfet de la Seine et le Ministre de
l'Intérieur sur l'administration de l'asile de la Providence, est
une garantie que cet établissement ne sort pas de ses attribu-
tions, telles qu'elles sont définies par l'ordonnance du 24 décembre 1817; que, dans ces circonstances, l'asile de la Providence ne saurait être considéré comme exerçant un commerce,
une industrie ou une profession dans le sens de la loi du
25 avril 1844; et que c'est à bon droit que le onseil de Préfecture de la Seine a accordé à cet établissement décharge des
droits de patentes auxquels il avait été assujetti, pour l'année
1880, sur le rôle de la Ville de Paris, en qualité de tenant une
maison particulière de retraite;

Article premier. — Le recours du Ministre des Finances est
rejeté.

Note de M. Tardieu

Patentes

N° 177. — Nous croyons que l'on peut résumer ainsi la jurisprudence touchant la situation des établissements de bienfaisance au regard de la patente : Exception de ceux qui sont
exclusivement charitables et gratuits. Pour ceux qui tirent des
revenus de leurs clients, soit en leur faisant payer un prix de
pension, soit en tirant parti des produits de leur travail, il y a
lieu de distinguer l'importance respective de la clientèle gratuite et de la clientèle payante. Les établissements publics d'as-

sistance sont présumés conserver ce caractère malgré certaines perceptions. En effet, comme ils sont placés sous le contrôle de l'administration, on peut être sûr que le caractère charitable ne servira pas à déguiser une exploitation industrielle ou commerciale. A l'égard des établissements privés, la jurisprudence se montre plus rigoureuse : ils doivent prouver qu'ils sont bien réellement des établissements charitables ; que leurs charges sont supérieures aux bénéfices qu'ils tirent des pensions ou du travail des assistés et qu'ils se trouvent dans la nécessité, pour combler le déficit de leur budget, de faire appel à la charité publique.

III. — Documents divers

Code civil allemand. Traduction Raoul DE LA GRASSERIE. (Dans la collection des Codes étrangers.) 3e édit., Pidoue, 1910.

Art. 80. — « La constitution d'une fondation ayant la personnalité juridique doit être autorisée par l'État confédé sur le territoire duquel elle a son siège... »

Art. 81. — « La fondation ne peut avoir lieu entre vifs que par écrit. Jusqu'à ce que l'approbation soit intervenue, le fondateur a le droit de révoquer. Si cette autorisation est demandée à l'autorité compétente, c'est à celle-ci seulement que la révocation doit être déclarée. L'héritier du fondateur n'a pas le droit de révocation lorsque celui-ci avait déjà présenté la requête à l'autorité compétente, ou en cas de constatation par acte judiciaire ou notarié, lorsqu'il avait chargé, lors de la passation de l'acte ou plus tard, le tribunal ou le notaire de la présenter. »

Art. 82. — « Si la fondation est approuvée, le fondateur est obligé de lui transférer les biens assurés par l'acte de constitution. Ceux pour la transmission desquels le contrat de cession suffit passent à la fondation par le fait même de l'approbation, lorsqu'une intervention contraire du fondateur ne résulte pas de l'acte. »

Art. 83. — « Si l'établissement de la fondation résulte d'une disposition à cause de mort, le tribunal de succession doit demander l'approbation, lorsqu'elle n'est pas sollicitée par l'héritier ou l'exécuteur testamentaire. »

CONSEIL SUPÉRIEUR DE L'ASSISTANCE PUBLIQUE

Projet de vœu discuté en 1901

Le Conseil supérieur de l'Assistance publique;

Considérant que les œuvres de bienfaisance privées, en venant au secours des indigents, facilitent la tâche de l'assistance publique et allègent les charges des contribuables ;

Qu'il y a une étroite solidarité entre lres efforts de la charité privée et l'action de l'assistance publique pour soulager les misères humaines ;

Que, dès lors, il convient de faire disparaître les obstacles qui peuvent entraver l'essor ou gêner le fonctionnement des œuvres ayant un but charitable, telles que maisons d'assistance par le travail, asiles de nuit, dispensaires, hospices, hôpitaux, crèches, restaurants et fourneaux économiques, etc. ;

Que, tout en organisant la surveillance des établissements qui recueillent des vieillards et des mineurs, il y aurait lieu d'appliquer aux associations dont la mission est exclusivement charitable un régime libéral analogue à celui qui a été institué pour les sociétés de secours mutuels par la loi du 1er avril 1808 ;

Emet le vœu :

Que l'article 201 du Code pénal soit déclaré non applicable aux œuvres de bienfaisance privée ;

Que celles-ci puissent se fonder librement, en vertu d'une déclaration rendue publique et sous la réserve des droits de surveillance du Gouvernement ;

Que les règles tracées par la loi du 1er avril 1898 sur les sociétés de secours mutuels, en ce qui concerne l'obtention et la jouissance de la personnalité civile, leur soient appliquées.

(Publication du Conseil supérieur, fascicule 8.)

PROJET DE LOI

Adopté par la Chambre des Députés, relatif a la surveillance des établissements privés

Présenté au nom de M. Armand Fallières, Président de la République Française, par M. Steeg, Ministre de l'Intérieur.

Exposé des motifs

Messieurs

Le Gouvernement a présenté, le 21 octobre 1902, à la Chambre des Députés, un projet de loi tendant à organiser la surveillance des établissements de bienfaisance privés.

La Chambre des Députés a adopté ce projet dans sa séance du 11 juillet 1912, et nous avons l'honneur aujourd'hui de le soumettre à vos délibérations.

Le Gouvernement n'a rien à ajouter à l'exposé des motifs qui accompagnait le projet de loi, et qui a déjà été distribué au Sénat en même temps que la Chambre des Députés en était saisie.

Le Président de la République française,

Décrète :

Le projet de loi dont la teneur suit sera présenté au Sénat par le Ministre de l'Intérieur, qui est chargé d'en exposer et d'en soutenir la discussion.

Projet de loi

Article premier. — Tous les établissements de bienfaisance créés par des particuliers ou des associations, soit laïques, soit religieuses, en vue d'hospitaliser des mineurs, des indigents valides, des malades, des infirmes ou des vieillards, sont soumis aux dispositions de la présente loi.

Est considéré comme ayant créé un établissement de bienfaisance tout particulier ou toute association hospitalisant plus de cinq assistés.

Art. 2. — Avant l'ouverture de l'établissement ou au plus tard dans les huit jours qui suivent cette ouverture, le ou les fondateurs sont tenus d'en faire la déclaration à la mairie. Cette déclaration indique le siège de l'œuvre, ses ressources, les conditions d'hygiène de son installation, son but, la personne responsable de sa direction. Le maire est tenu d'en donner récépissé.

S'il s'agit d'une œuvre destinée à hospitaliser des mineurs, la déclaration spécifie, en outre, dans quelles conditions l'enseignement professionnel leur sera donné.

Toute modification du siège, du but de l'œuvre ou de la nature de l'enseignement professionnel, toute désignation d'un nouveau directeur, doit faire, dans le même délai de huitaine, l'objet d'une déclaration nouvelle.

Le maire donne, dans les huit jours, avis au préfet des déclarations reçues par lui

Art. 3. — Sont incapables de diriger un établissement de bienfaisance privé ou d'y être employés ceux qui ont subi une condamnation judiciaire, pour crime ou pour délit contraire à la probité ou aux mœurs.

Art. 4. — Le directeur doit tenir un registre, coté et paraphé par le juge de paix, sur lequel sont consignées les indications relatives à l'identité des assistés, ainsi que la date de leur entrée et de leur sortie.

Art. 5. — Le directeur de tout établissement où sont hospitalisés des mineurs est tenu de leur donner ou faire donner un enseignement les préparant aux professions et aux métiers mentionnés par lui dans la déclaration prescrite par l'article 2.

Art. 6. — Les assistés mineurs de treize ans, s'ils n'ont pas obtenu antérieurement leur certificat d'études primaires, doivent recevoir l'enseignement primaire et ne peuvent être employés, en dehors des heures de classe consacrées à cet enseignement, qu'à des travaux domestiques ou d'enseignement professionnel.

Art. 7. — Il est constitué, par voie de prélèvement sur le produit du travail des mineurs hospitalisés à l'établissement, un fonds commun et des pécules individuels.

A cet effet, la valeur du travail est évaluée suivant l'âge et la profession enseignée à un prix journalier, dont le maximum et le minimum sont déterminés au règlement intérieur.

Les minima des salaires journaliers sont, pour chacune des professions enseignées, déterminés par le Conseil départemental de l'assistance publique et privée prévu à l'article 17.

Le salaire journalier de chaque mineur est fixé par le directeur dans les limites prévues au paragraphe 2 du présent article.

Les 2/10 du salaire journalier ainsi fixé sont portés pour 1/10 au fonds commun et pour 1/10 au pécule individuel.

Ces prélèvement ne sont obligatoires que pour les assistés de plus de quatorze ans, ayant plus d'un an de présence dans l'établissement.

Ils cessent d'être exigibles :

1° En cas de maladie constatée par un certificat médical ;

2° A l'égard des assistés idiots, épileptiques ou infirmes reconnus totalement impropres au travail, sur la production d'un certificat médical ;

3° En cas de chômage dûment justifié.

Pour les assistés ne rentrant pas dans cette dernière catégorie, mais dont l'état de santé, constaté par certificat médical, ne permet pas un travail régulier, le salaire est déterminé individuellement par le directeur.

Cette décision est communiquée au préfet, qui peut la déférer au Conseil départemental prévu à l'article 17.

Art. 8. — Le Conseil départemental d'assistance publique et privée pourra dispenser partiellement ou complètement, des prélèvements prévus à l'article précédent, les établissements qui justifieront que l'exiguïté de leurs ressources les met dans l'impossibilité matérielle d'y faire face.

La même dispense sera accordée aux établissements, dont le but exclusif est de former des apprentis, et qui limitent à la durée de cet apprentissage, suivant les usages locaux de la profession, le temps de l'hospitalisation.

Le préfet du département ou les établissements intéressés pourront faire appel des décisions du Conseil départemental d'assistance publique et privée devant la section permanente du Conseil supérieur d'assistance, prévu par l'article 17.

Art. 9. — Le fonds commun est destiné à donner des primes ou gratifications aux assistés, en récompense de leur travail, à payer les frais de leur trousseau et à acquitter les cotisations mises à la charge de l'assuré par la loi du 5 avril 1910 sur les retraites ouvrières. Ces gratifications peuvent leur être remises directement, à la charge du directeur d'en justifier la remise par ses livres.

Les sommes revenant au pécule sont versées tous les trimestres à une Caisse d'épargne, au nom de chaque assisté, et inscrites sur un livret individuel. Le montant ne peut leur en être remis que sur le visa de l'inspecteur départemental de l'assistance publique, à leur libération du service militaire, un an après leur majorité, ou en vue de favoriser leur établissement. Ils peuvent toutefois, en cas de circonstances exceptionnelles, obtenir des remboursements partiels dont l'inspecteur fixe la quotité.

En cas de décès d'un assisté avant sa sortie, les sommes placées à son nom font retour à l'établissement pour être reversées au fonds commun.

Chaque assisté a droit, en outre, à sa sortie, à un trousseau dont la valeur ne peut être inférieure à autant de fois 2 francs que l'assisté compte de mois de présence à l'établissement depuis sa treizième année accomplie. Toutefois, la valeur de ce trousseau qui, dans aucun cas, ne pourra être inférieure à 25 francs, pourra être limitée à un maximum de 150 francs.

Toute convention contraire aux dispositions de l'article précédent et du présent article est nulle de plein droit.

Lorsqu'un enfant est retiré volontairement par ses parents avant sa majorité, le montant de son pécule es arrêté au jour de sa sortie, mais les sommes lui revenant ne lui sont versées que lorsqu'il a atteint sa majorité. Dans ce cas, les dispositions relatives au trousseau ne s'appliquent pas.

Art. 10. — La surveillance des établissements de bienfaisance privés est assurée, sous l'autorité du Ministre de l'Intérieur, par les inspecteurs généraux et les inspectrices générales des services administratifs du Ministère de l'Intérieur, par les inspecteurs départementaux de l'hygiène et par les inspecteurs et sous-inspecteurs départementaux de l'assistance publique, sans qu'il soit dérogé à la surveillance spéciale prévue et organisée par les lois du travail et les lois sur l'enseignement.

Les fonctionnaires chargés de cette surveillance peuvent, pour les constatations relatives à l'hygiène, se faire accompagner d'un homme de l'art.

Le directeur de l'établissement est tenu de laisser pénétrer à toute heure de jour et de nuit les fonctionnaires de l'inspection dans tous les locaux occupés ou fréquentés par les assistés; toutefois, l'inspection de nuit, dans les établissements à personnel féminin, ne pourra être exercée que par des inspectrices.

Le directeur est également tenu de présenter les assistés à ces fonctionnaires. Il doit aussi leur fournir tous les renseignements nécessaires pour permettre d'apprécier les conditions morales et matérielles de l'œuvre, et notamment leur communiquer le registre d'inscription, prévu à l'article 4.

Les inspecteurs ne peuvent prescrire aucune modification au fonctionnement des œuvres privées en dehors des cas prévus par la présente loi et les lois spéciales sur le travail, l'hygiène et l'enseignement.

Art. 11. — Si la santé des personnes assistées est mise en péril par le régime de la maison ou par l'insalubrité des locaux, s'il se produit des faits d'immoralité, des sévices ou des mauvais traitements envers les assistés, si les règles prescrites, soit pour l'enseignement professionnel et primaire, soit pour les prélèvements à opérer en vertu des articles 7 et 8 ou pour leur emploi ne sont pas observées, le préfet, sur le rapport du service de l'inspection, adresse au directeur de l'établissement telles injonctions qu'il croit utiles en vue de remédier aux inconvénients ou abus signalés et lui impartit un délai pour s'y conformer.

Dans le cas où le directeur ne satisfait pas aux injonctions destinées à remédier aux inconvénients et aux abus prévus au paragraphe précédent, la fermeture de l'établissement peut être ordonnée par le Conseil départemental d'assistance prévu à l'article 17, après avis, s'il y a lieu, du Conseil départemental de l'instruction publique ou du Conseil départemental d'hygiène.

Le Conseil départemental d'assistance est saisi, à cet effet, d'un rapport introductif du préfet, dont copie est notifiée au directeur. Celui-ci, convoqué à la séance du Conseil, peut y exposer en personne et y faire exposer par un représentant à son choix, ses observations en défense. Le préfet désigne un représentant chargé de soutenir devant le Conseil les conclusions de son rapport. Les débats sont publics.

La décision, qui doit être motivée, est notifiée, par le président et par lettre recommandée, au directeur de l'établissement, lequel peut se pourvoir, dans le délai de huit jours, à partir de la notification. Le recours, qui est suspensif, est déposé à la préfecture contre récépissé, et transmis dans le même délai au Ministre, avec les observations du préfet.

Il est statué sur le recours par la section permanente du Conseil supérieur d'assistance prévue à l'article 17.

Faute par le Conseil départemental d'avoir statué dans le délai d'un mois sur le rapport à lui présenté par le préfet, l'affaire est, par les soins de celui-ci, portée d'office devant la section permanente du Conseil supérieur.

Les décisions de la section permanente sont rendues dans les mêmes formes que celles du Conseil départemental. Elles sont motivées et insérées au *Journal officiel*.

Lorsque les décisions sont définitives, le préfet en assure l'exécution après notification.

Art. 12. — En cas de condamnation pénale prononcée contre le directeur de l'établissement pour faits d'immoralité généralisés ou sévices envers les assistés, en cas de récidive dans le refus de se soumettre à l'inspection, le tribunal correctionnel qui prononcera la peine pourra accessoirement ordonner la fermeture de l'établissement.

Art. 13. — L'établissement dont la fermeture aura été régulièrement prononcée ne pourra être ouvert à nouveau qu'après autorisation du Conseil départemental d'assistance prévu à l'article 17 ou, à défaut de celui-ci d'avoir statué dans le délai de deux mois, de la section permanente du Conseil supérieur. Dans la huitaine, le demandeur et le préfet peuvent former un recours contre la décision du Conseil départemental devant la section permanente.

Art. 14. — Les directeurs des établissements actuellement existants, soumis aux dispositions de la présente loi, devront, dans le délai de trois mois à dater de sa promulgation, procéder à la déclaration exigée à l'article 2.

Ils devront, en outre, s'ils reçoivent les mineurs, se conformer aux prescriptions relatives, tant à l'enseignement professionnel et primaire, qu'aux prélèvements à opérer en vertu des articles 7, 8 et 9 et à leur emploi, dans le délai de trois mois à partir de la promulgation des règlements d'administration publique.

Art. 15. — Les particuliers ou associations qui, sans posséder d'établissement proprement dit, placent habituellement des mineurs dans des établissements industriels ou dans des familles où ils reçoivent le logement et la nourriture, sont tenus d'en faire la déclaration à la mairie dans la forme prévue à l'article 2 ; ils doivent se conformer aux prescriptions de l'article 4 et sont soumis à la surveillance prévue par la présente loi.

Art. 16. — Les infractions aux dispositions des articles 2, 4, 14, paragraphe premier, et 15, sont poursuivies devant le tribunal de simple police et punies d'une amende de cinq à quinze francs (5 à 15 fr.). En cas de récidive, elles peuvent être punies outre l'amende, d'un emprisonnement de un à cinq jours.

Tout directeur d'établissement qui refuse de se soumettre à l'inspection ou à la décision ordonnant la fermeture, ou qui a réouvert sans l'autorisation prévue à l'article 13 un établissement dont la fermeture a été définitivement prononcée, sera poursuivi correctionnellement et condamné à une amende de cent à cinq cents (100 à 500 francs). Sont passibles de la même peine les infractions aux dispositions de l'article 2. En cas de récidive, l'amende peut être évaluée jusqu'au double.

L'article 463 du Code pénal est applicable aux délits et contraventions prévus par la présente loi ; il pourra être fait application de la loi de sursis.

Art. 17. — Il est constitué dans chaque département un Conseil départemental de l'assistance publique et privée chargé d'examiner toutes questions qui lui sont soumises pour avis par le préfet et de statuer sur les affaires contentieuses introduites devant lui conformément aux articles 11 et 13.

Ce Conseil est composé de onze membres titulaires; cinq de ces membres sont désignés par le préfet, cinq autres, choisis sans conditions spéciales d'éligibilité, sont élus par les établissements de bienfaisance privés déclarés en vertu des articles 2 et 14 de la présente loi et situés dans le département : le onzième, qui fait fonction de président, est nommé à la majorité absolue des voix par les dix membres précités parmi eux ou en dehors d'eux. En outre, deux suppléants sont désignés par le préfet et deux autres sont élus par les établissements privés dans les conditions prévues pour les titulaires ; ils pourront remplacer ces derniers en cas d'absence.

Si le président a été choisi parmi les dix membres titulaires, le Conseil est complété par le premier des suppléants désignés par le préfet dans le cas où le président a été choisi parmi les cinq membres nommés primitivement par lui; et, dans le cas contraire, par le premier suppléant élu par les représentants des établissements de bienfaisance.

Si, après le troisième tour de scrutin, une majorité absolue n'a pu se constituer pour la nomination d'un président, le Conseil est présidé d'office par le président du tribunal civil du chef-lieu et, dans les villes sièges de cours d'appel, par un conseiller à la Cour nommé par le Ministre de l'Intérieur.

Les membres du Conseil sont nommés pour quatre ans. Leur mandat peut être renouvelé. En cas de démission ou de décès au cours de leur mandat, les titulaires sont remplacés par les suppléants pris par ordre de nomination ou d'élection.

Un règlement d'administration publique, pris après avis du Conseil supérieur de l'assistance publique, déterminera les règles relatives à l'élection des représentants des établissements de bienfaisance.

Art. 18. — Le Conseil supérieur de l'assistance publique comprend, outre les membres de droit et les membres nommés par décret, dix représentants des établissements de bienfaisance privés; ces dix membres sont élus pour quatre ans par le collège formé des délégués desdits établissements dans les Conseils départementaux d'assistance; les règles relatives à cette élection seront fixées par le règlement prévu à l'article précédent.

Il est constitué dans le Conseil supérieur une section permanente chargée de donner son avis sur toutes affaires qui lui seront soumises à cet effet par le Ministre de l'Intérieur et de statuer sur les affaires contentieuses introduites devant elle conformément aux articles 11 et 13.

Cette section permanente est composée de onze membres, choisis parmi les membres du Conseil; cinq sont désignés par le Ministre de l'Intérieur, cinq sont élus par les dix représentants des établissements de bienfaisance; le onzième, qui fait fonction de président, est élu à la majorité absolue des voix par les dix membres précités. Si le président a été choisi parmi ces dix membres, la section est complétée par la nomination d'un onzième membre, désigné selon les cas par le Ministre de l'Intérieur ou par les représentants des établissements de bienfaisance.

Si aucune majorité absolue n'a pu se former au troisième tour de scrutin, le président est nommé par l'ensemble du Conseil supérieur.

Le Président de la section permanente et les présidents des conseils départementaux ont voix prépondérante en cas de partage.

Art. 19. — Les certificats, déclarations et quittances délivrés en exécution de la présente loi sont dispensés du timbre et enregistrés gratis lorsqu'il y a lieu à la formalité de l'enregistrement.

Art. 20. — Les droits et créances qui peuvent résulter pour les assistés des dispositions de la présente loi sont privilégiés et doivent être payés avant toutes autres créances même privilégiées sur l'actif de l'établissement fermé.

Art. 21. — En cas de fermeture volontaire ou ordonnée conofrmément aux articles 11 et 12, sont remis sans délai à l'inspecteur départemental de l'Assistance publique, le jour même de la fermeture ou le jour où l'arrêt de fermeture est devenu définitif :

1° Les livrets individuels, ainsi que, le cas échéant, les sommes qui doivent y être versées comme afférentes à la partie écoulée du trimestre en cours;

2° Les trousseaux en nature ou leur valeur en espèces pour les assistés qui y auraient droit s'ils sortaient de l'établissement à ce moment.

Art. 22. — Les sommes afférentes au trimestre en cours sont déposées à la Caisse d'épargne par les soins de l'inspecteur pour être inscrites au livret individuel de chaque intéressé.

Les livrets individuels ainsi complétés, les trousseaux ou leur valeur sont ou bien conservés par l'inspecteur pour être remis dans les conditions prévues par l'article 9, paragraphe 3, à l'assisté s'il est déjà sorti de l'établissement ou s'il est rendu à la vie libre lors de la fermeture; ou bien remis par l'inspecteur à l'inspecteur compétent du nouvel établissements dans lequel l'assisté est placé.

Art. 23. — Dans le cas où les personnes responsables de l'établissement fermé n'effectueraient pas la remise des livrets, fonds ou trousseaux dont elles sont comptables au moment de la fermeture, l'inspecteur, agissant au nom de la masse des assistés intéressés, exercera toutes actions utiles pour obtenir cette remise et sauvegarder les droits des assistés.

Ces actions dispensées du préliminaire de conciliation, sont introduites par le ministère public, à la requête des inspecteurs, devant le juge de paix ou le tribunal civil, suivant les règles générales de la compétence; elles sont instruites comme en matière sommaire.

Elles doivent être jugées dans la quinzaine de la citation. Les actes et procédures auxquels elles donnent lieu sont faits comme en matière d'assistance judiciaire.

Art. 24. — Il n'est en rien dérogé aux lois et décrets qui régissent les congrégations, non plus qu'aux lois sur l'enseignement primaire et sur le travail.

Art 25. — Dans le délai de six mois à partir de la promulgation de la présente loi, des règlements d'administration publique détermineront les mesures nécessaires à son exécution.

Fait à Paris, le 15 novembre 1912.

Le Président de la République française.

Signé : A. FALLIÈRES.

Par le Président de la République :

Le Ministre de l'Intérieur,

Signé : T. STEEG.

OUVRAGES A CONSULTER

TISSIER. — Dons et legs.

TARDIEU. — Patentes.

SALEILLES. — Fondations.

TROUILLOT et CHAPAL. — Associations.

Léon MICHOD. — De la personnalité civile.

SAVIGNY. — Traité de droit Romain.

TROPLONG. — Donations et testaments.

MONTPELLIER. — IMPRIMERIE GÉNÉRALE DU MIDI

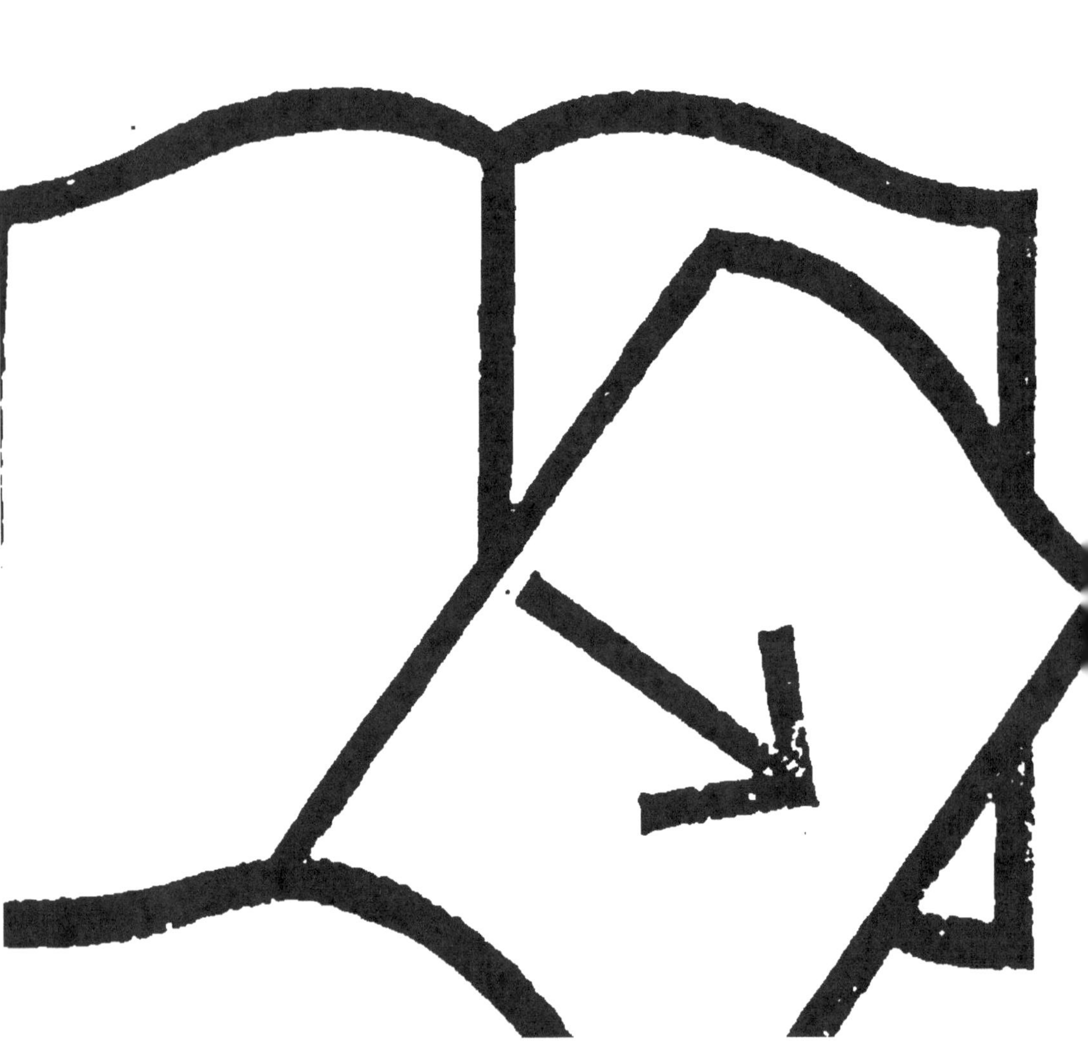